# COMMENT TAILLER VOS ARBRES

PIERRE MICHARD

Meilleur Ouvrier de France
Officier du Mérite Agricole

# COMMENT TAILLER VOS ARBRES

Collection LA TERRE

La Maison Rustique

ISBN 2-7066-0744-0

# I. — INTRODUCTION

Comment tailler vos arbres ? C'est à la fois très simple et très compliqué. Aussi est-ce avec quelques appréhensions que nous abordons ce problème. Il n'y a pas de règle absolue dans ce domaine, et c'est peut-être faire preuve d'une certaine audace que de prétendre apprendre à tailler par le texte et l'image. Cette science s'explique et se développe plus facilement par l'application pratique en présence du végétal à traiter.

Cet ouvrage est destiné aux amateurs dont les connaissances horticoles sont limitées, et nous espérons être assez explicite et assez précis dans les pages qui suivent pour apporter une réponse aux nombreuses questions que se pose un néophyte lorsque, le sécateur à la main, il est en présence d'un arbre qu'il faut tailler.

En premier lieu nous exposerons quelques notions simples de physiologie, dans le but de vous familiariser avec les lois de la végétation.

Après une description rapide des principaux outils utilisés pour la taille, nous vous familiariserons avec quelques termes techniques qu'il est indispensable de connaître et nous essayerons de vous développer quelques notions générales de taille.

Ensuite, nous aborderons l'étude systématique de la taille en groupant les espèces végétales par affinités végétatives.

Il faut cependant convenir qu'il n'est pas facile de donner des conseils de taille pour chaque espèce de plante. Nous ne pouvons guère que nous limiter à présenter des « exemples » ou des « cas » les plus représentatifs et compléter ces exposés par l'étude du mode végétatif de l'espèce en question ce qui, en fait, doit permettre à l'opérateur de définir la nature de son intervention. La meilleure façon d'apprendre à tailler est de tailler. De la réflexion, un peu de courage et de l'expérience sont les meilleurs maîtres pour apprendre à connaître l'emploi judicieux du sécateur.

# II. — LEXIQUE DES PRINCIPAUX TERMES TECHNIQUES EMPLOYÉS DANS CET OUVRAGE

**Assise génératrice** ou *cambium*. — Tissu formé de cellules jeunes et actives, interposé entre le liber et le bois. Il produit en abondance des cellules nouvelles qui contribuent à l'accroissement en épaisseur de la tige ou de la racine.

**Bourgeon.** — Jeune rameau encore tendre et herbacé (définition horticole, non botanique).

**Bouton à fruit.** — Proéminence existant sur certains rameaux et contenant une ou plusieurs ébauches de fleurs.

**Branche charpentière.** — Partie plus ou moins ancienne, fondamentale et durable d'un arbre.

**Charpente.** — Ensemble des branches charpentières d'un arbre.

**Collet.** — Point de séparation entre la tige et la racine.

**Contre-espalier.** — Ensemble d'arbres fruitiers cultivés en ligne, conduits en forme plate et fixés sur des supports, l'ensemble étant disposé en plein air, mais non le long du mur.

**Coursonne.** — Ramification qui prend naissance sur une branche charpentière, régulièrement taillée et destinée à porter le fruit.

**Ebourgeonner.** — Supprimer les jeunes bourgeons.

**Ebourgeonnement.** — Action d'ébourgeonner.

**Espalier.** — Ensemble d'arbres fruitiers cultivés à plat le long d'un mur contre lequel les branches sont réparties et fixées.

**Gourmand.** — Pousse d'une vigueur excessive par rapport à son entourage et se développant au détriment des branches qui l'environnent.

**Liber.** — Tissu cellulosique conducteur de la sève élaborée.

**Mérithalle.** — Intervalle qui existe entre deux nœuds ou entre deux insertions de feuilles sur un rameau.

**Nœud.** — Niveau de l'insertion d'une feuille sur une tige.

**Œil.** — Jeune excroissance terminale ou axillaire sur un rameau. Lorsqu'il se développe il donne naissance à un bourgeon qui devient ensuite un rameau.

**Œil terminal.** — Situé à l'extrémité du rameau.

**Œil stipulaire.** — Œil plus petit que le principal situé à la base et de part et d'autre de celui-ci sur les rameaux d'arbres fruitiers. Les yeux stipulaires sont parfois à peine visibles.

**Osmose.** — Echange entre deux solutions séparées par une membrane plus ou moins perméable.

**Prolongement.** — Jeune rameau d'un an situé dans l'axe d'une branche charpentière.

**Rafraîchissements des plaies.** — Coupe nette effectuée à la serpette sur une plaie résultant de la suppression d'une branche à l'aide d'une scie.

**Rameau.** — Ramification âgée d'un an porteuse d'yeux à bois ou de boutons à fleurs.

**Spore.** — Corpuscules assurant la dissémination des champignons.

**Taille longue.** — Taille par laquelle on supprime sur l'arbre une faible partie de bois et on lui conserve la plus grande partie.

**Taille courte.** — Opération de taille au cours de laquelle on supprime beaucoup de bois pour en conserver très peu sur l'arbre.

**Treille.** — Vigne cultivée en espalier ou en contre-espalier.

**Vrille.** — Organe filiforme qui s'enroule en spirale et permet à certains végétaux de se fixer sur leur support.

**Yeux latents.** — Yeux à peine visibles qui peuvent demeurer à l'état latent pendant plusieurs années tout en conservant la faculté de se développer normalement.

# III. — QUELQUES NOTIONS DE PHYSIOLOGIE

## LES LOIS DE L'ACCROISSEMENT

Les végétaux vivent fixés au sol par leurs racines.
Ils sont constitués de deux parties :

— l'une généralement aérienne, *la tige* ;
— l'autre généralement souterraine, *la racine.*

La tige se développe dans une direction opposée à la pesanteur, elle porte les feuilles, les rameaux, les fleurs et les fruits. A l'intérieur on y rencontre de nombreux vaisseaux par l'intermédiaire desquels la sève, nécessaire à la nutrition de la plante, est dispersée dans ses différentes parties.

La racine dont l'accroissement a lieu suivant la direction de la pesanteur, fixe la plante au sol et y puise les minéraux nécessaires à son alimentation.

C'est par l'intermédiaire des poils absorbants que la racine introduit dans la plante les sels nutritifs contenus dans le sol et dissous par les eaux de pluie. La pénétration de ces solutions s'effectue par osmose.

Cette solution dite « sève brute » est véhiculée jusqu'aux feuilles par les vaisseaux de la racine d'abord, par ceux du bois ensuite. Dans les feuilles les sels minéraux se combinent avec le carbone et l'oxygène que celles-ci absorbent

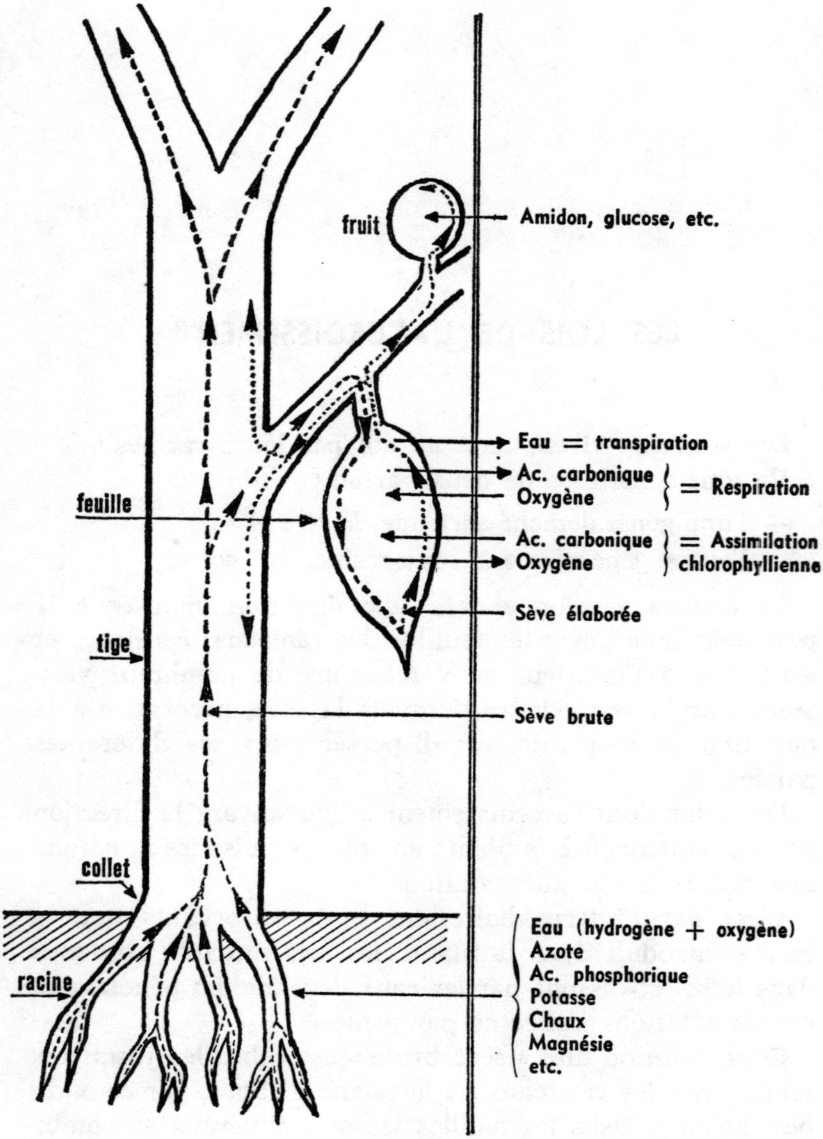


Fig. 1
Schéma de la nutrition des plantes

(fonction chlorophylienne et respiration). La sève est alors dite « élaborée ».

La sève élaborée circule dans les vaisseaux du liber où se trouve « l'assise génératrice », zone de croissance située entre le bois et le liber et est envoyée dans toutes les parties de la plante où elle préside à leur accroissement (fig. 1 et 2).

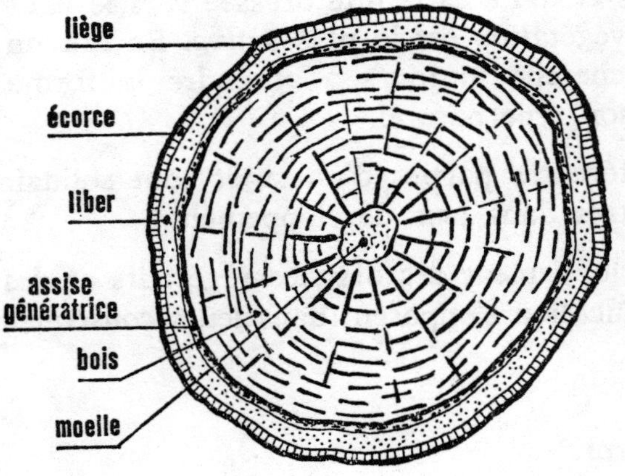


**Fig. 2**

**Coupe d'une tige**

L'arbre est donc absolument tributaire du sol et de son environnement.

— Si le sol est pauvre il est insuffisamment approvisionné en matières premières.

— Si le sol contient des produits nocifs ou toxiques, s'il manque de certains éléments il se manifeste des troubles dans la végétation.

— Si la lumière et le soleil sont insuffisants, la fonction chlorophyllienne se fait mal.

— Si l'aération est mauvaise, si l'atmosphère est polluée, l'arbre respire mal ou absorbe des gaz nocifs.

Connaissant ces notions très générales, nous pourrons exposer les lois suivantes :

1° La sève se porte toujours vers les parties les mieux aérées et les plus éclairées de l'arbre.

2° Tant qu'un arbre n'a pas épuisé toute sa force de croissance, la sève tend toujours à se porter au sommet des branches et toute extrémité dressée vers le haut est le point où la végétation est la plus active. En fait un arbre quelconque cherche toujours à atteindre la forme et la hauteur de son type naturel.

3° Les différentes parties d'un sujet sont solidaires les unes des autres dans leur développement.

4° Le développement des organes végétatifs et des organes de fructification s'opposent dans leurs conséquences.

## Périodes végétatives.

L'observation des manifestations extérieures d'activité conduit à considérer *quatre périodes* dans un cycle annuel de développement.

1° *La période de repos,* correspond à l'hiver. Elle commence à la chute des feuilles et finit avec l'éclosion des premiers bourgeons. Pendant cette période les rapports de l'arbre avec le milieu qui l'environne sont presque nuls. Seuls des phénomènes intérieurs existent. L'arbre présente alors son maximum de résistance aux actions extérieures. C'est pendant cette période qu'on lui fait subir les opérations qui apporteront les plus grands troubles à son équilibre naturel (transplantation, ravalement, élagage, taille dite d'hiver, etc.).

2° *Le réveil de l'arbre* coïncide avec les premières journées chaudes du printemps.

L'arbre commence par utiliser ses réserves de l'automne pour son départ en végétation. Pendant quelques jours il vit absolument sur lui-même. Puis avec l'apparition des premières feuilles, la fonction chlorophyllienne s'établit.

Beaucoup de végétaux et en particulier les arbres fruitiers produisent leurs fleurs pendant cette période. C'est la période pendant laquelle l'arbre est le plus vulnérable et a le plus besoin d'être protégé contre les parasites et les intempéries.

3° *Période de pleine activité.* — Les fonctions aériennes et souterraines sont très actives. L'arbre pousse beaucoup et vit au jour le jour. Il produit en abondance des rameaux et des feuilles nouvelles. Il forme ses fruits. Pendant cette période, l'eau lui est indispensable, il ne faut pas qu'il en manque sous peine de subir des troubles végétatifs graves. On doit aussi, pendant cette période assurer l'équilibre entre tous les organes de l'arbre, particulièrement sur les arbres fruitiers (pincements, suppressions d'organes secondaires, paillage, binage, arrosage, bassinage, etc).

L'arbre est fortement traumatisé par les interventions importantes et brutales effectuées sur ses organes végétatifs pendant cette période. Cette sensibilité du végétal est mise à profit par le jardinier lorsqu'il s'agit de limiter le développement d'un sujet (voir taille des haies, des rideaux, mise à fruit des arbres fruitiers trop vigoureux).

4° *Déclin de l'activité.* — L'activité de l'arbre se polarise vers la constitution de réserves nutritives et d'organes de reproduction. Les fruits ne recevant plus rien de l'arbre doivent être cueillis ou tombent (Pour les arbres fruitiers, période de récolte, taille en vert au bénéfice des boutons à fleurs en formation) (fig. 3).

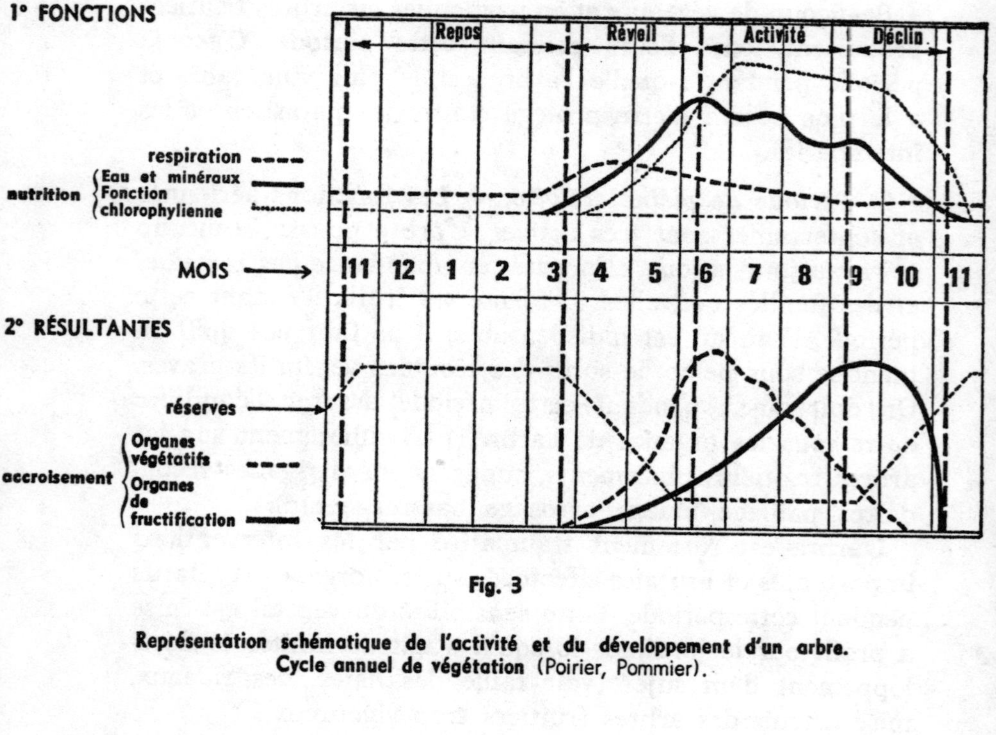


Fig. 3

**Représentation schématique de l'activité et du développement d'un arbre.**
**Cycle annuel de végétation** (Poirier, Pommier).

## Organes constituant la partie aérienne du végétal.

*Le tronc.* — Nous venons de voir que la racine, système souterrain de l'arbre permettait la fixation au sol de celui-ci et assurait son alimentation en eau et en minéraux. Immédiatement au-dessus de la racine et séparée d'elle par une zone que l'on nomme collet, commence la partie aérienne.

Pour certains végétaux à grand développement le prolongement vertical de la racine est matérialisé par une tige qui croît en hauteur et en diamètre et constitue ce que l'on appelle couramment *le tronc.*

*Les branches.* — Le tronc, axe végétatif de l'arbre, donne naissance à des ramifications de moindre importance et qui se développent par rapport à lui selon un angle variable. Ce sont les branches. La façon dont se ramifient ces branches, l'angle qu'elles prennent par rapport au tronc donnent en définitive la silhouette de l'arbre (voir page 158).

*Les rameaux.* — Ce sont des ramifications jeunes qui prennent naissance sur les branches et qui au fur et à mesure du vieillissement de l'arbre deviennent à leur tour des branches.

*Les yeux.* — Proéminences que l'on rencontre depuis la base jusqu'à l'extrémité des rameaux, répartis géométriquement ; répartition variable selon les espèces mais constante pour une espèce donnée. Les yeux, lorsqu'ils se développent donnent naissance à de nouveaux rameaux. Ce sont les organes qui président à l'allongement des tiges.

*Les boutons.* — Organes de reproduction de l'arbre provenant de la différenciation de certains yeux et qui produisent des fleurs. Ces fleurs si elles sont fécondées donneront normalement des fruits, lesquels contiennent les graines. Celles-ci récoltées et placées dans des conditions favorables donneront naissance à un nouveau végétal du même genre que celui dont elles sont issues (voir fig. 4).

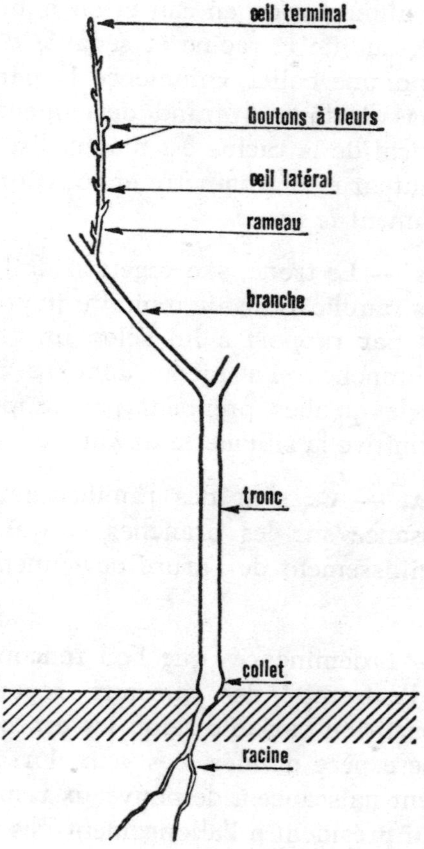


**Fig. 4**

**Différents éléments constituant le végétal**

## Réaction des organes végétatifs à la taille. Interventions secondaires.

Lorsque l'on taille on supprime des parties du végétal et en général des extrémités. Le premier résultat de cette opération est donc de placer certains organes (yeux, dards, boutons à fleurs) en condition nouvelle.

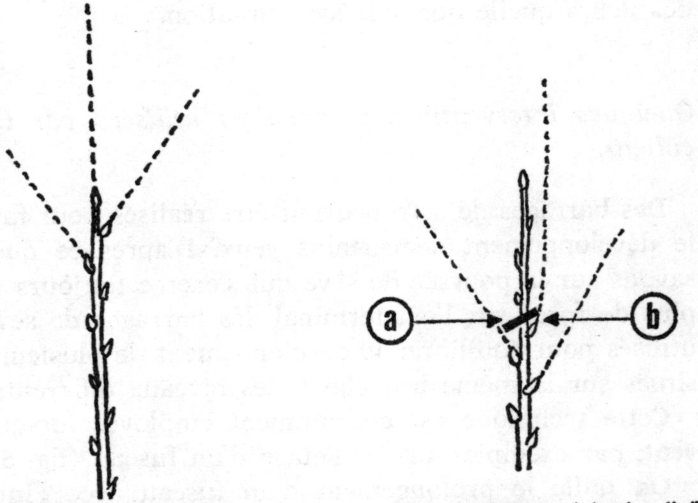


**Si ce rameau n'est pas taillé, seuls les yeux de l'extrémité se développeront au printemps.**

**Le rameau est taillé en (a), c'est l'œil (b) qui devient terminal et assurera la continuité de la branche.**

**Fig. 5**

*Exemple.* — Un rameau qui était pourvu sur toute sa longueur d'un nombre X d'yeux est raccourci par la taille des deux tiers de sa longueur. La résultante de cette opération est donc qu'un œil qui était situé dans le tiers inférieur du rameau et n'avait, de par sa position, aucune chance de se développer devient œil terminal. C'est lui qui est maintenant chargé de l'allongement de la branche (fig. 5).

Nous verrons plus loin lorsque nous étudierons la taille des arbres fruitiers comment cette loi de l'accroissement est mise en pratique par l'arboriculteur pour obtenir la mise à fruit des coursonnes.

**Remarque.** — Contrairement aux yeux à bois qui, suivant leur position sur la branche, évoluent ou restent latants, les boutons à fleurs donnent toujours naissance à des fleurs quelle que soit leur situation.

*Quelques interventions secondaires utilisées par l'arboriculteur.*

Des barrages de sève peuvent être réalisés pour favoriser le développement de certains yeux. D'après ce que nous savons sur la poussée de sève qui s'exerce toujours avec le plus de force sur l'œil terminal, les barrages de sève sont utilisés pour équilibrer le développement de plusieurs yeux situés sur la même branche à des niveaux différents.

Cette technique est couramment employée lorsque l'on veut, par exemple, former l'étage d'un fuseau (fig. 6 et 7).

On taille le prolongement d'un fuseau avec l'intention de lui voir produire :

— 1 prolongement,

— 3 ou 4 branches latérales.

Si l'on se contente de couper au-dessus de l'œil choisi pour constituer le prolongement, les rameaux partent irrégulièrement, le premier à l'extrémité étant le plus vigoureux et le développement de chacun allant en décroissant au fur et à mesure qu'il est situé plus bas.

On peut équilibrer le développement des branches latérales en pratiquant au-dessus de chaque œil des entailles d'autant plus profondes que l'œil est situé plus bas. Par cette pratique on voit tous les rameaux nés d'yeux situés à des étages différents atteindre un développement à peu près identique (fig. 6 et 7).

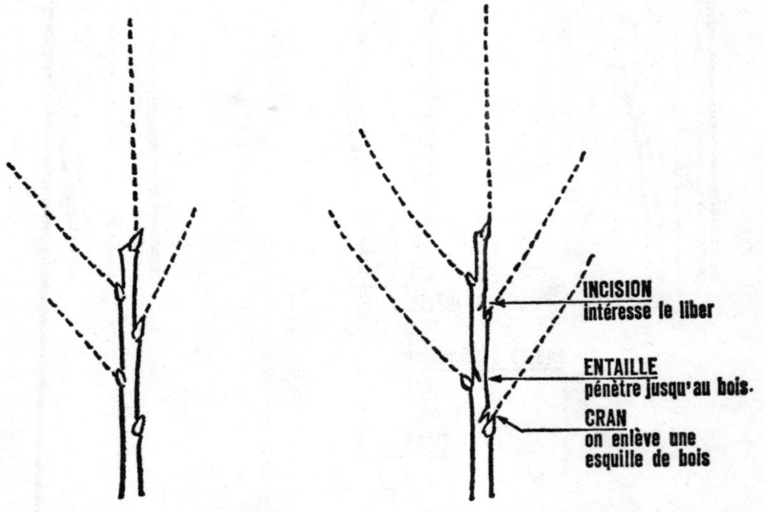


Si l'on se contente de couper au-dessus de l'œil choisi pour constituer le prolongement, il se produit ceci.

On peut équilibrer le développement des branches latérales en pratiquant au-dessus de chaque œil des entailles d'autant plus profondes que l'œil est situé plus bas.

Fig. 6

L'arcure ou l'inclinaison des branches vigoureuses favorise la mise à fleur ou à fruit. En effet la position ascendante contrarie la circulation de la sève et les branches placées dans cette position « contre nature » se mettent automatiquement à fleur. On utilise ce procédé particulièrement dans la culture fruitière et le palissage des rosiers grimpants.

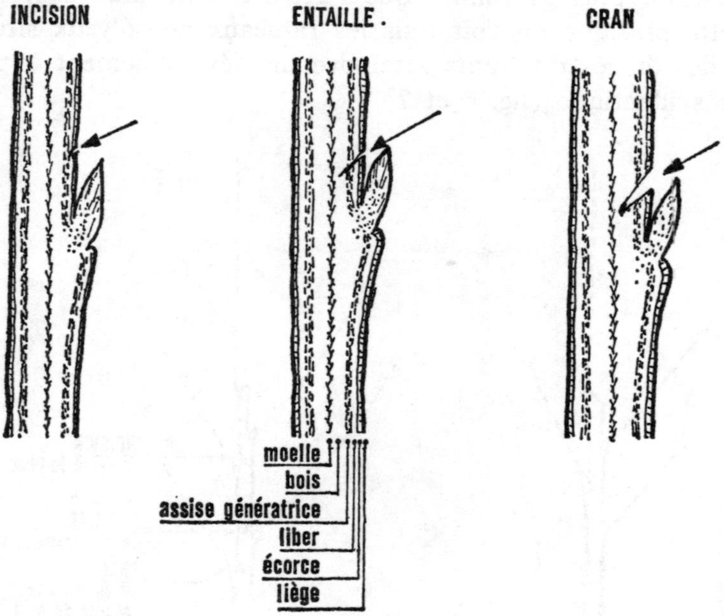


Fig. 7

— *L'incision* intéresse le liber.

— *L'entaille* pénètre jusqu'au bois.

— *Le cran* résulte de l'enlèvement d'une esquille de bois.

## Action des éléments extérieurs.

Les prévisions du jardinier peuvent se trouver contrariées par l'action de divers éléments extérieurs plus ou moins incontrôlables.

— Une gelée blanche peut détruire les jeunes bourgeons sur lesquels avait été fondé l'espoir d'un rameau.

— Une attaque de parasite peut aussi produire un dégât identique.

— Un ensoleillement exagéré avec de fortes températures, une chute brusque et importante de la température, une grêle, sont autant d'incidents qui peuvent contrarier la végétation des arbres et agir à l'encontre des prévisions de l'arboriculteur.

Ces actions accidentelles et souvent imprévisibles risquent d'avoir des conséquences graves sur les arbres fruitiers si on n'exerce pas une surveillance assidue pour y porter remède en temps opportun. On a pour habitude de tailler les arbres en hiver. Cela est bien, mais la taille d'hiver n'est qu'une hypothèque sur l'avenir. Elle doit obligatoirement être complétée par l'ébourgeonnement, les pincements et la taille en vert qui agissent en correctifs de la taille d'hiver.

# IV. — POURQUOI TAILLER

Oui ! en effet, pourquoi tailler alors que dans la nature il existe une telle ordonnance ?

Ne semble-t-il pas que tout soit prévu par le Créateur et qu'il suffise de laisser les choses évoluer selon les lois naturelles ?

Cela est valable dans la faune et la flore à l'état sauvage mais il faut bien admettre qu'alors, plus que partout ailleurs « le plus fort impose sa loi » et que « tuer pour vivre » est une nécessité naturelle.

L'homme, au cours des siècles, a toujours essayé d'asservir la nature et de la mettre, dans la mesure du possible, à son service, pour son bien-être et l'amélioration de ses conditions de vie.

Parmi les nombreuses actions mises en œuvre par l'humain pour dompter la nature, la « taille » n'a pas seulement un but d'asservissement mais aussi, lorsqu'il s'agit d'arbres fruitiers, de conservation des individus et d'amélioration des rendements.

Le paysagiste dont une partie de l'art est l'esthétique utilise la taille pour soumettre certains végétaux à des formes étudiées et recherchées en fonction des effets qu'il veut obtenir.

L'arboriculteur (fruitier) recherche avant toute chose l'amélioration des rendements et la taille est un des moyens dont il dispose pour parvenir à ses fins.

# LES BUTS DE LA TAILLE

Les buts de la taille sont donc multiples :

Lorsque l'arbre est jeune il faut lui constituer une charpente, soit en fonction de la forme que l'on veut obtenir, soit tout simplement pour lui constituer un squelette.

Plus tard la taille permet d'entretenir le végétal dans sa forme.

S'il s'agit d'un arbre fruitier, la taille est un des moyens les plus efficaces pour régulariser la mise à fruits.

Dans certains cas et par mesure d'esthétique décorative la taille permet de donner au végétal une forme particulière et de le maintenir dans cette forme.

## La formation.

C'est une suite d'opérations qui se situe pendant la jeunesse du végétal. Elle a pour but de faire acquérir à l'arbre, en quelques années, la forme qui lui est destinée et de lui constituer une charpente solide lui procurant pour sa vie d'adulte la force mécanique pour résister aux intempéries et, s'il s'agit d'un arbre fruitier, les ressources indispensables à une bonne fructification et une longue vie.

Pendant la période de formation on considère comme secondaires la floraison ou la fructification. L'effort de l'arboriculteur est orienté sur la constitution, en toute priorité, d'une solide charpente. Chez les arbres « formés » et chez les arbres « tiges » on s'appliquera en outre à parfaitement orienter les jeunes pousses destinées à devenir les branches de la future charpente. Le tuteurage, l'attachage, le palissage sont autant de moyens complémentaires à la taille qu'utilise l'arboriculteur.

L'équilibrage de l'arbre est aussi l'un des objectifs du praticien. Pendant cette période de formation l'arbre pousse en principe vigoureusement et fait preuve de fantaisie et d'indiscipline.

## L'entretien du végétal. L'esthétique.

Lorsque l'arbre est adulte et a acquis la forme qui lui était dévolue la taille a pour objet de lui conserver forme et vitalité.

Ce sont les méthodes de taille dont nous parlerons dans la formation des haies et des arbustes en « formes ». C'est aussi « l'élagage » pour les arbres haute tige.

## La mise à fleurs, la mise à fruits.

La taille intervient particulièrement dans ce domaine pour les arbres fruitiers. Dès qu'un arbre fruitier est en âge de fructifier (cet âge est variable suivant les espèces) la science de l'arboriculteur consiste à lui appliquer une méthode de taille favorisant la mise à fruit tout en continuant sa formation, chaque intervention se complétant sans se nuire. Tout ceci sera vu et expliqué en détail dans les pages qui suivent.

# V. — MES OUTILS DE TAILLE

*Le sécateur.*

Principal outil de taille. C'est l'inséparable compagnon du jardinier. Il doit être maintenu très tranchant sous peine de meurtrir les branches en les sectionnant et de faire des coupes déchiquetées qui se cicatriseraient mal. Entourez-le de beaucoup de soins ! Nettoyez-le ! Graissez-le ! Apprenez aussi à vous en servir. Coupez toujours sans faire d'efforts à gauche ou à droite, vous fausseriez la lame.

Lorsque vous coupez une branche avec le sécateur faites en sorte que le buttoir porte sur la partie de rameau qui va tomber et non pas sur l'extrémité conservée. L'effort fait pour trancher produit un écrasement plus ou moins fort des tissus, écrasement qui nuirait à la cicatrisation s'il était supporté par l'extrémité conservée du rameau.

*La serpette.*

C'est un couteau robuste, au tranchant concave, terminé en pointe. Celle dont vous avez besoin est pliante, vous l'utiliserez pour le rafraîchissement des plaies.

Lorsque vous aurez acquis une suffisante dextérité dans le maniement de cet outil, vous vous en servirez pour tailler les prolongements dans les arbres fruitiers formés. On obtient avec la serpette une coupe plus nette qu'avec le sécateur et la cicatrisation est meilleure. Pour la même raison il est conseillé de se servir de la serpette pour tailler les pêchers en espalier. Soignez votre serpette. Elle doit être propre, très tranchante. Attention ! sa pointe est très fragile, mais aussi dangereuse pour les novices ; c'est un outil à utiliser et à manipuler avec précautions.

*La serpe.*

Outil constitué par un fer plat dont une tranche est acérée. Elle doit être très solidement emmanchée. Il existe des serpes de formes diverses. Le modèle à bec recourbé en crochet convient particulièrement pour les travaux au sol. L'arboriculteur utilise de préférence la serpe sans bec recourbé, de forme droite, en couperet ou de forme limande. On se sert de la serpe pour couper les grosses branches lors de l'élagage des arbres. C'est un outil qui demande une certaine expérience dans son emploi, autant pour l'arbre que pour l'opérateur.

*L'égohine.*

On utilise la scie égohine, dont il existe de nombreux modèles, pour sectionner des branches qui présentent un diamètre trop important pour le sécateur et aussi pour couper de grosses branches lorsqu'on élague des arbres si on manque de sûreté pour employer la serpe. Une coupe faite avec la scie égohine doit toujours être rafraîchie à la serpette. La cicatrisation d'une plaie ne s'opère convenablement que si la coupe est nette et franche, résultat qui n'est pas obtenu avec la scie.

*L'échenilloir.*

C'est une sorte de fort sécateur fixé sur un manche à la fois solide et léger, commandé à distance par une cordelette. Cet outil permet de couper, à distance, des branches présentant jusqu'à 30/35 mm de diamètre.

*Le sécateur ébrancheur.*

Cet outil est constitué par deux lames frottantes, toutes deux arquées en bec de perroquet. Ces lames sont actionnées par des manches de force de 50 à 60 cm de longueur. Ce sécateur se manie à deux mains et permet de sectionner des branches de force intermédiaire (trop fortes pour être coupées avec un sécateur ordinaire et pas assez fortes pour nécessiter l'emploi de l'égohine ou de la serpe). Cet outil est très utile en particulier pour le rabattage périodique des haies vives.

*La cisaille.*

Constituée par deux lames épaisses et rigides, prolongées chacune par une poignée de bois et articulées sur un axe à écrou. La cisaille est utilisée pour la taille des haies, des arbustes formés, des bordures de buis. Elle se manie à deux mains.

On trouve dans le commerce, des cisailles actionnées par un moteur électrique dont le principe de coupe est basé sur le système de fonctionnement de la lame de faucheuse. Elle permet d'effectuer, avec moins de fatigue, le même travail que la cisaille à manche.

Les *escabeaux* et *échelles* de tous modèles sont aussi des accessoires parfois très utiles.

Nous avons décrit ici les principaux outils nécessaires à l'arboriculteur dans les cas courants qui se présentent à l'amateur.

D'autres, tel que le croissant d'élagueur, sorte de lourde faucille rigide, fortement recourbée et qui, fixée à l'extrémité d'un manche plus ou moins long permet, par un large mouvement circulaire vertical de faucher les brindilles qui dépassent un certain plan relèvent davantage du domaine professionnel.

# VI. — NOTIONS GÉNÉRALES DE TAILLE

La taille est une opération qui a pour objet de maintenir l'harmonie entre toutes les parties du végétal. Elle agit en correctif végétatif. Son influence n'est pas une en soi ; la taille complète le rôle d'autres facteurs culturaux permettant d'intervenir sur la végétation, la forme, la floraison, la fructification.

Elle ne peut pas se concevoir comme une science précise mais plutôt comme une application raisonnée dont les modalités varient avec les espèces et, en ce qui concerne les arbres fruitiers, avec les variétés, la nature du sol, le climat.

Suivant les buts recherchés, les méthodes appliquées sont différentes. Nous considérons deux formules :

— la taille dite « individuelle » où chaque arbre est traité individuellement ; c'est le cas de tous les arbres fruitiers, des rosiers et de nombreux arbres et arbustes d'ornements ;

— la taille dite « en masse » qui intéresse quelques groupes d'arbres et d'arbustes d'ornements lorsqu'ils sont rassemblés en haies ou en rideaux.

## LA TAILLE DITE « INDIVIDUELLE »

Nous entendons par cette qualification « individuelle » les différentes opérations de taille qui sont appliquées à un arbre isolé. Nous considérons deux aspects absolument différents : la taille précise, la taille élargie.

### La taille précise.

C'est l'opération qui consiste en l'abblation totale ou partielle de branches, une par une sur un arbre. Ce sont généralement des rameaux d'un an de végétation qui sont concernés.

Ce travail s'effectue à l'aide de la serpette ou du sécateur. La branche taillée est coupée immédiatement au-dessus d'un œil choisi pour favoriser son développement dans un but précis. C'est cette taille qui est appliquée sur tous les arbres fruitiers formés, les arbres fruitiers de plein vent en formation, les rosiers, les arbres et arbustes d'ornement en formation. Elle se pratique généralement en hiver pendant le repos végétatif du végétal (c'est la taille en sec) mais aussi parfois en été, pendant la végétation (c'est la taille en vert).

Ce travail exige, de la part du praticien, un certain entraînement pour obtenir la *précision,* et la rapidité dans l'exécution.

En effet, lorsque l'on a décidé de l'endroit auquel un rameau va être sectionné, il ne s'agit pas de couper n'importe comment. La façon dont la coupe est faite a une grande influence sur le développement futur de l'œil choisi surtout lorsqu'il s'agit de taille en sec. Ceci est particulièrement important pour les « prolongements » de charpentières d'arbres fruitiers ou d'ornement.

Mauvaise coupe trop loin de l'œil.

Fig. 8

Mauvaise coupe trop près de l'œil.

Fig. 9

Bonne coupe.

Fig. 10

Coupe sur vigne.

Fig. 11

La coupe doit être oblique (environ 45°) et être située à l'opposé de l'œil choisi :

— si la coupe est effectuée trop haut au-dessus de l'œil, l'onglet de bois, inerte se déssèche, devient le siège idéal à l'établissement de champignons parasites et on obtient une mauvaise cicatrisation (fig. 8) ;

— si la coupe est faite trop près de l'œil, il y a risque de non développement de ce dernier (fig. 9) ;

— une bonne coupe doit être inclinée à environ 45° le sommet étant situé au niveau de la pointe de l'œil ; la base au milieu du nœud sur lequel est implanté l'œil (fig. 10).

Sur une coupe convenable, la cicatrisation est rapide et le départ de l'œil normal.

**Remarques.** — On dit souvent en grammaire qu'à toute règle il y a exception. C'est le cas pour ce que nous venons de développer en ce qui concerne *la vigne.* En effet, compte

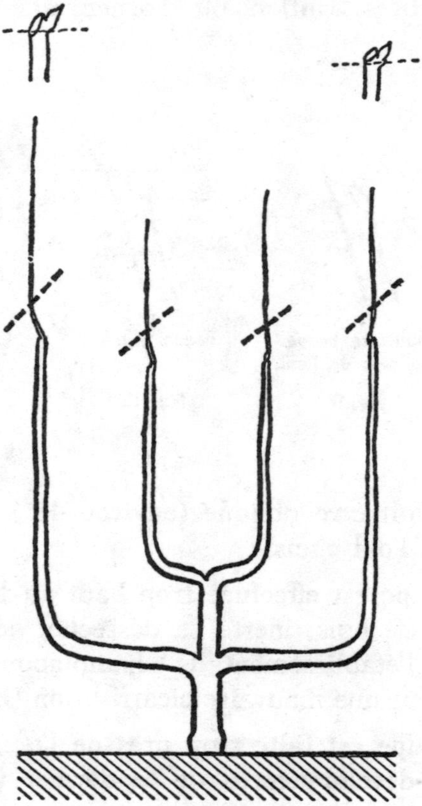

Fig. 12

tenu de la constitution interne de ses rameaux la vigne ne se taille pas directement au-dessus de l'œil mais au milieu du mérithal (fig. 11).

Des lois que nous venons d'énoncer, il découle quelques applications pratiques couramment utilisées par les arboriculteurs particulièrement dans l'équilibrage des branches charpentières sur les arbres fruitiers formés. Si nous prenons l'exemple d'un poirier conduit sous forme de palmette verrier à quatre branches, il arrive quelquefois de constater un déséquilibre végétatif entre les branches. Une correction peut être apportée à ce déséquilibre lors de la taille d'hiver en dégageant légèrement l'œil de la branche la plus faible et au contraire en serrant de très près celui de la branche la plus vigoureuse (fig. 12). L'œil dégagé partira plus tôt et plus rapidement que celui taillé très près. C'est donc un moyen de rattrapage pour le rameau en retard.

## La taille élargie.

Ces opérations, qui portent des appellations différentes suivant leur nature, ne sont plus aussi méticuleuses que celles que nous venons de décrire. C'est l'arbre entier, dans sa forme, dans son aspect, qui est concerné. Il n'y a plus de recherche particulière sur des rameaux mais des suppressions massives.

### *Ecimage.*

Opération qui consiste à supprimer la partie supérieure d'un arbre — est couramment effectuée sur les arbres d'alignement dans le but de limiter leur développement. Vous pouvez être amené à écimer un arbre pour protéger une ligne téléphonique, par exemple. La meilleure époque est août-septembre L'écimage intéresse seulement de jeunes branches (fig. 13).

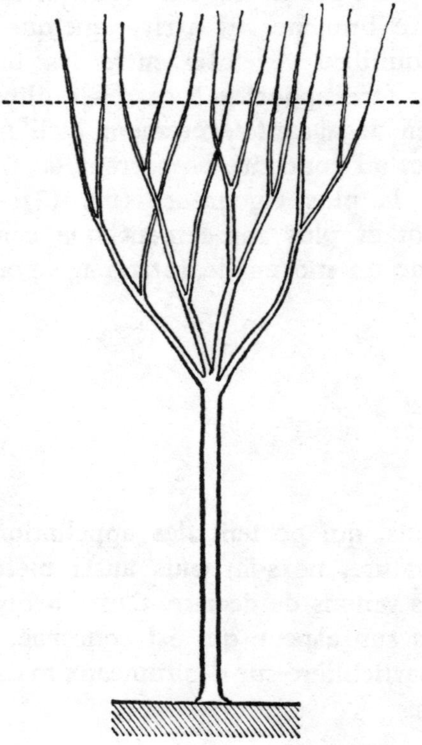

Fig. 13

*Elagage.*

Opération qui consiste à raccourcir certaines branches (même très fortes) ou à supprimer celles en surnombre ou mortes dans la tête d'un arbre. Cette taille permet de redonner une forme régulière à un sujet déséquilibré et d'aérer l'intérieur de la tête. C'est en somme une taille d'équilibre et de nettoyage. Elle se pratique avec la serpe et généralement en hiver, sur les arbres fruitiers et aussi sur les arbres d'ornement (fig. 14).

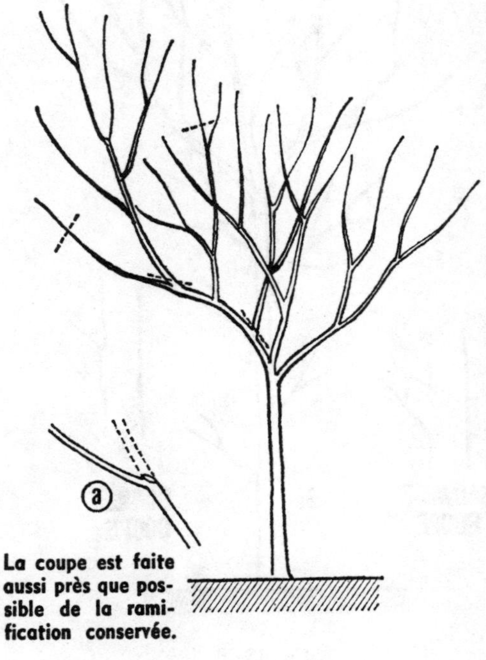


Fig. 14

*Emondage.*

Consiste à supprimer les branches qui ont pris naissance le long du tronc d'un arbre. La coupe doit être nette, au ras de l'écorce. Intéresse aussi la suppression de branches trop basses sur le tronc de manière à « remonter la tige » (fig. 15).

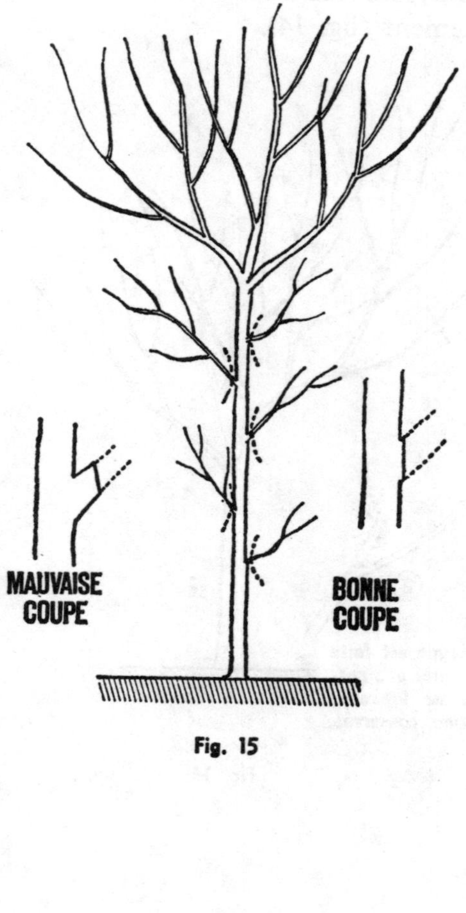


Fig. 15

*Ravalement.*

C'est essentiellement une taille de rajeunissement. Le ravalement est couramment utilisé sur les arbres fruitiers formés, très âgés, sur lesquels il est difficile de maintenir des coursonnes en production mais qui sont encore dotés d'une vigueur suffisante pour que cette opération soit rentable (fig. 16). L'action du ravalement est alors aidée et

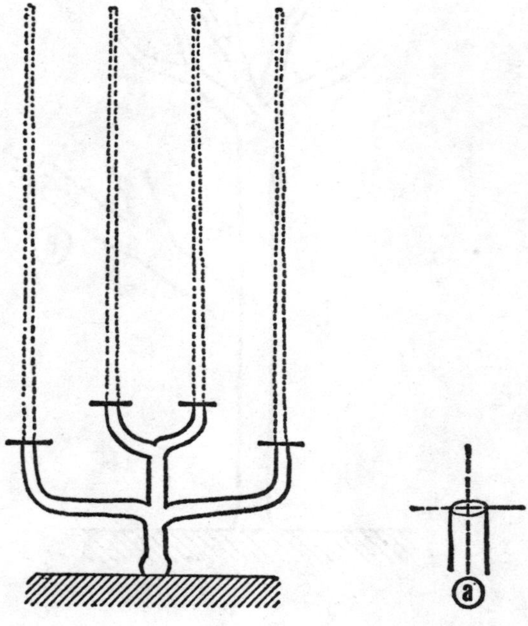

**Fig. 16**

**La coupe est faite perpendiculairement à l'axe de la branche et enduite de mastic à greffer.**

complétée par une bonne fumure. On ravale également les arbres fruitiers âgés que l'on veut « surgreffer » (1).

Le ravalement est aussi pratiqué sur certains arbres

(1) Voir *Comment greffer vos arbres.* Edition « La Terre », Flammarion.

d'alignement lorsque l'on veut réduire l'importance de leur frondaison (fig. 17).

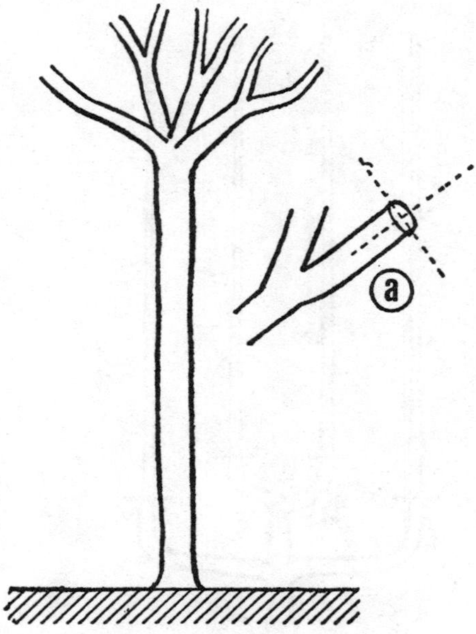


Fig. 17

**Remarques.** — Toutes les espèces ne supportent pas le ravalement. Parmi les arbres fruitiers, pommiers et poiriers sont dociles à cette opération. Tous les arbres fruitiers à noyaux y sont rebelles.

Chez les arbres d'ornement, platanes, érables, peupliers sont ceux qui ont la meilleure réaction.

Le ravalement s'exécute vers la fin du repos végétatif des arbres, c'est-à-dire en février-mars.

*Taille en forme.*

Nous voulons parler ici de la taille nécessitée pour donner une forme déterminée, souvent géométrique, à un végétal qui se prête à ce genre d'intervention. Ce n'est pas la taille que nous appelons « en masse » car elle intéresse des végétaux isolés.

Nous parlons ici des végétaux formés en cône, en boule, en cube, en pyramide, etc. Elle intéresse à peu près uniquement deux espèces végétales : le buis et l'if.

Cette taille est régie par les mêmes règles que nous développerons plus loin lorsque nous traiterons « les haies ». Elle se fait à l'aide de la cisaille Le jardinier doit intervenir deux fois dans l'année en juin et en septembre (voir page 165).

## LA TAILLE DITE « EN MASSE »

Nous voulons parler ici des opérations de taille qui s'exécutent sur des groupes de végétaux généralement rassemblés en ligne et que l'on veut établir et maintenir dans une forme et un volume déterminés. Selon l'importance de la masse constituée par ces rassemblements de végétaux, on est en présence de « haies taillées » ou de « rideaux ». Jusqu'à 1,50 à 1,75 m de hauteur on a affaire à une haie ; au-delà, 2 m, 3 m et plus, il s'agit d'un rideau. Dans le jardin, la haie a pour but d'appuyer le tracé : c'est un élément décoratif et architectural. Si le rideau a aussi un rôle architectural, c'est à une plus grande échelle et bien souvent il joue plutôt un rôle protecteur. Le choix des espèces et variétés n'est pas le même suivant que l'on veut établir une haie ou un rideau.

## Les haies taillées.

La haie taillée, dont la hauteur est variable suivant le rôle qu'on lui demande de jouer dans l'organisation du jardin, est constituée par des végétaux dont le choix a été déterminé d'abord par les dimensions que doit acquérir la haie, puis par l'effet décoratif que l'on attend d'elle (voir page 161).

Les haies se taillent à l'aide d'une cisaille.

*Quand et comment tailler les haies ?*

Le but recherché est de maintenir la haie dans la forme qui lui a été dévolue, et ce pendant toute l'année.

— Les haies décoratives par le feuillage des végétaux qui la composent : buis, charme, fusain, houx, Lonicera nitida, laurier cerise, cyprès de Lambert, troènes, etc., sont taillés deux fois par an, une première fois en mai-juin, une seconde fois en septembre.

Il est quelquefois nécessaire de faire une coupe supplémentaire aux troènes en juillet.

Lonicera nitida qui repousse extrêmement vite demande trois coupes entre celle de mai et celle de septembre. Il faut quelquefois en prévoir une fin octobre.

Le cyprès de Lambert et le lonicera nitida sont particulièrement utilisés en Bretagne et dans le Sud-Ouest.

Le tamarix et le cyprès de Lambert sont très résistants aux embruns marins.

Le houx ne peut être utilisé avec toutes chances de réussite que dans les régions à hygrométrie atmosphérique élevée (Normandie-Bretagne).

Certaines espèces sont dites « à feuilles persistantes » c'est-à-dire qu'elles conservent leur feuillage pendant toute l'année même en hiver.

Le troène commun est demi-persistant c'est-à-dire qu'il conserve ses feuilles très tard en hiver.

— Les haies décoratives par leurs fleurs : aubépine, cognassier du Japon, forsythia intermédia, spirea reevesiana, althéa, etc., sont taillées une fois par an aussitôt après la floraison. Pour l'esthétique de la haie une seconde intervention est généralement nécessaire en août-septembre.

L'aubépine, est plus couramment utilisée pour constituer des haies agrestes. Dans ce cas on la taille, en principe, une fois par an en hiver avec retouche éventuelle en août ou septembre. Mais on peut aussi constituer des haies très décoratives avec des variétés horticoles d'aubépines à fleurs rose ou rouge doubles.

L'althéa qui est rarement employé en haie taillée doit être d'abord palissé dans son jeune âge en entrecroisant les branches. Par la suite la haie est taillée une fois par an, en hiver. Une intervention provisoire peut être prévue après la défloraison.

— Les haies décoratives par leurs fruits : cotoneaster franchetti, pyracanthas variés, sont taillées trois fois par an.

1° aussitôt après la floraison (fin mai) ;

2° en juillet ;

3° en septembre.

Ces végétaux sont à la fois décoratifs par leur floraison printanière, par leur feuillage persistant et par leurs fruits.

### Les rideaux.

Les rideaux peuvent se définir comme étant des haies élevées. Leur rôle n'est pas précisément décoratif mais plutôt protecteur.

On établit des rideaux pour protéger une propriété ou des cultures contre les vents dominants lorsqu'ils sont violents (Mistral dans le midi) ou pour isoler la propriété lorsque l'on veut se protéger des regards indiscrets ou quand le paysage environnant risque d'apporter une note discordante ou désagréable.

Cette forme, par l'importance qu'elle doit prendre pour jouer son rôle n'est utilisable que dans les jardins présentant une assez grande surface. En effet, elle crée une zone neutre où la culture est presque impossible, d'autant plus importante que le rideau est plus élevé. La hauteur et l'importance du rideau sont en fonction du service qu'on lui demande.

Les rideaux décoratifs et protecteurs, constitués par des végétaux caducs ou persistants sont taillés vers fin août-septembre, c'est-à-dire vers la fin de la période végétative active.

## EFFETS DE LA TAILLE SUR LA VÉGÉTATION. LES RÉACTIONS DU VÉGÉTAL

Nous avons déjà essayé de comprendre les réactions du végétal lorsqu'il est soumis à la taille, chapitre « Les lois de l'accroissement ». Il ne semble pas superflu d'y revenir ici.

Il faut bien comprendre qu'un végétal soumis à la taille subit une contrainte qui est parfois violente. La réaction à cette contrainte est d'autant plus spectaculaire si le sujet possède des réserves importantes. Or, nous avons vu que ces réserves sont en concentration maximum pendant le repos végétatif et qu'elles sont à peu près inexistantes pendant la période d'activité.

## Quand je taille lorsque l'arbre est en repos végétatif.

Nous savons qu'à l'automne l'arbre a constitué dans ses tissus des réserves importantes qui lui permettront la reprise végétative du printemps. Si, durant cette période de repos, on inflige au végétal des suppressions de rameaux on lui enlève autant de soupapes d'échappement que d'yeux supprimés. En conséquence, ceux qui subsistent subiront une pression-de sève d'autant plus grande que leur nombre sera moins élevé (fig. 18).

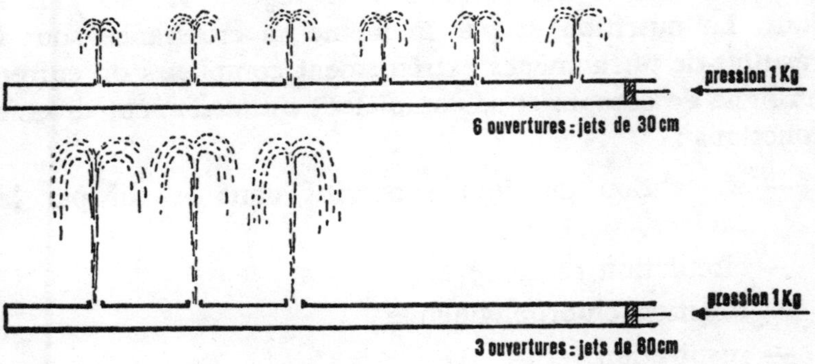


Fig. 18

La conséquence de cette constatation se matérialise dans le fait que plus la taille est sévère *durant le repos végétatif* d'un arbre, plus il repart avec vigueur au cours de la saison suivante. Ceci permet de poser l'axiome suivant :

« *Au cours des opérations d'hiver*, plus un arbre est vigoureux plus on taillera long, moins il est vigoureux plus on taillera court ».

Cette règle a une grande importance et elle demande à être particulièrement observée lors de la taille des arbres fruitiers. En effet, nous avons vu que la fructification d'un arbre est en raison inverse de sa vigueur. Si le résultat de la taille appliquée sur un arbre fruitier lui apporte un excès de vigueur c'est la fructification qui sera compromise. Donc, toujours, la plus grande attention du praticien doit être orientée vers un bon équilibre.

## Quand je taille lorsque l'arbre est en végétation.

Pendant cette période active le végétal vit au jour le jour. La nutrition et par là même sa croissance sont le résultat de phénomènes extrêmement complexes où entrent en ligne de compte et se complètent mutuellement diverses fonctions :

— absorbtion de liquide nutritif dans le sol par les racines,
— circulation de la sève,
— fonction chlorophyllienne,
— respiration,
— transpiration, etc.

L'arbre n'a plus de réserves dans ses tissus.

En conséquence, si pendant cette période on pratique sur un individu des opérations de taille, le résultat pour la plante sera un appauvrissement de ses moyens de nutrition en rapport avec l'importance des suppressions effectuées. Il se manifestera un arrêt végétatif d'autant plus long que l'opération aura été plus sévère. Ces constatations nous amènent à cette conclusion : « *Au cours des opérations d'été,* plus un arbre est vigoureux plus on le taille court, moins il est vigoureux plus on le taille long. »

Cette conclusion a force de loi en arboriculture. On en

tient compte au cours des interventions d'été sur arbres fruitiers ; dans la taille de formation pour obtenir l'équilibrage des arbres ; c'est elle qui est appliquée dans la pratique de la taille des haies et des rideaux.

En effet nous avons vu que haies et rideaux sont taillés pendant la période de végétation active ce qui permet de les maintenir assez facilement en forme et dans les proportions désirées.

## LA TAILLE DE FORMATION

La taille de formation consiste en une suite d'interventions qui se poursuivent pendant plusieurs années. Elles ont pour but de faire acquérir progressivement à un végétal au fur et à mesure de son développement, la forme définitive qui lui a été fixée.

Les méthodes employées sont différentes suivant que l'on est en présence d'un arbre fruitier, d'un arbre d'ornement ou d'un arbuste à effet de masse (touffe, haie, etc.).

En ce qui concerne l'arbre fruitier, un principe primordial que nous étudierons en détail au chapitre « Arbres fruitiers » précise qu'avant de demander à un arbre de fructifier il faut d'abord lui assurer une « charpente ». Ceci est d'une importance capitale pour la vie future de l'arbre et pour assurer sa rentabilité. C'est à ce moment qu'intervient la taille dite de formation ; elle débute dès le premier âge du sujet pour se terminer lorsqu'il a atteint sa forme définitive.

Pendant quelques années dont le nombre est variable suivant les espèces (de 3 à 4 ans pour les pêchers jusqu'à

5 à 6 ans pour les poiriers et pommiers) l'opérateur ne se soucie absolument pas de la fructification, ses diverses interventions ont toutes pour objectif la formation et l'équilibrage de l'arbre.

Par la suite, une partie de la charpente étant suffisamment « adulte » peut produire des fruits tandis que les parties extrêmes seront toujours soumises à une taille de formation jusqu'à l'aboutissement définitif de la forme.

Les arbres d'ornement subissent, pendant leur jeune âge la même taille de formation dans le but d'obtenir le plus rapidement possible la forme désirée.

Les arbustes destinés à former des touffes, des haies, subissent aussi au cours des premières années plusieurs tailles dites de formation.

Ces interventions sont, dans la pratique, effectuées par le pépiniériste dont la profession consiste à élever et former les végétaux jusqu'au moment où ils peuvent, sans risque de mécompte, être remis entre les mains de l'amateur.

## LA TAILLE D'ENTRETIEN

Ce sont toutes les interventions qui permettent de maintenir les végétaux en l'état pour la fonction à laquelle ils sont destinés :

— maintient de la fructification pour les arbres et arbustes fruitiers ;

— conservation des proportions, pour certains arbres et arbustes d'ornement ;

— conservation de la forme pour les végétaux « formés » (haies, cônes, boules, etc.).

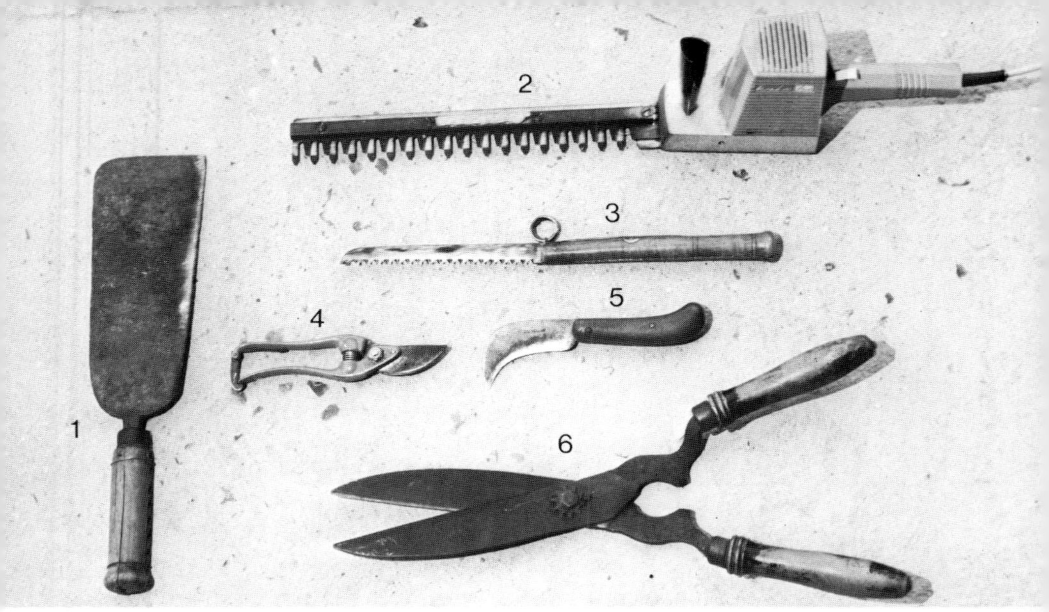


**Mes principaux outils de taille**

1 - Serpe
2 - Cisaille électrique
3 - Scie égohine
4 - Sécateur
5 - Serpette
6 - Cisaille traditionnelle

**Comment utiliser le sécateur**

Mauvaise position du sécateur.
Le côté de l'œil est traumatisé par écrasement.

Bonne position du sécateur.
La partie traumatisée tombera après la coupe.

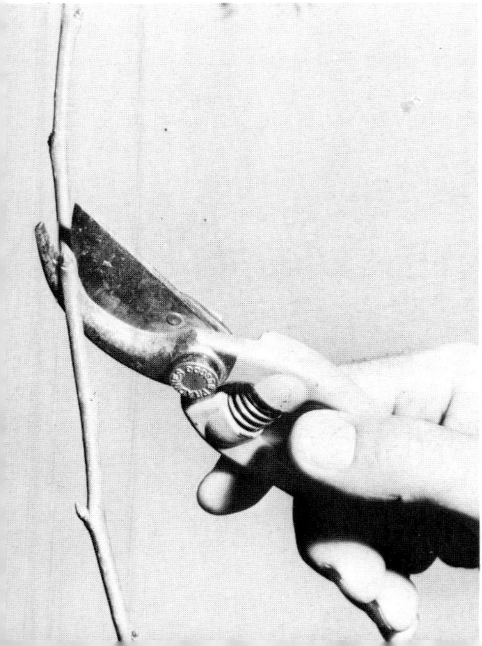

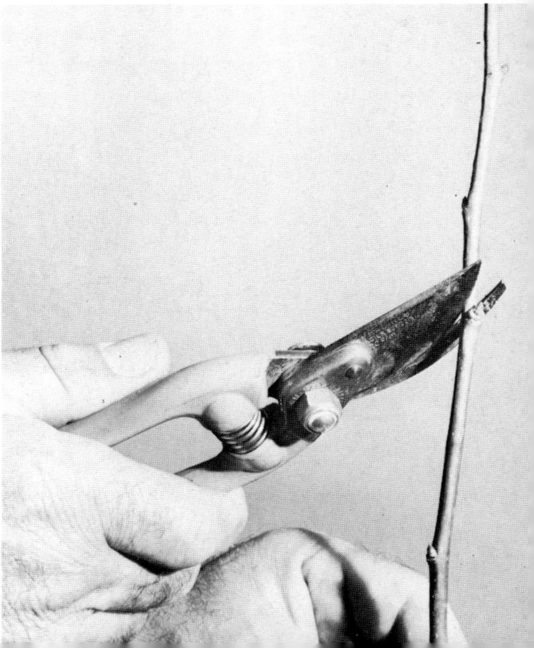

Partie de charpente d'un poirier en espalier avant la taille d'hiver.

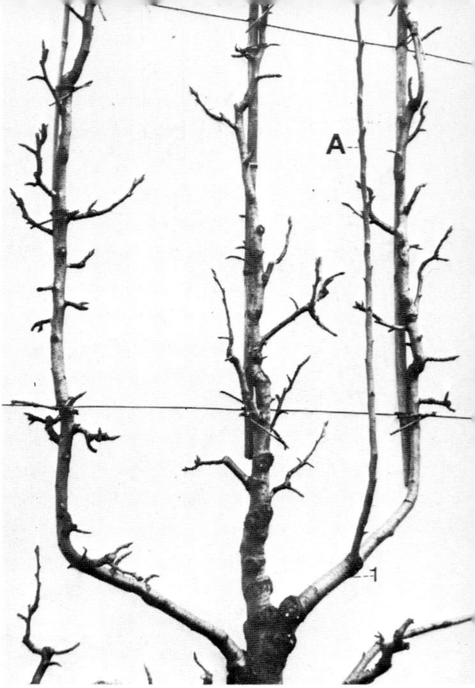


Partie de charpente d'un poirier en espalier après la taille d'hiver. Remarquez la présence d'un « gourmand » (A).
Il va être supprimé sur empattement en (1).

Palmettes de pommiers en production. Résultat d'une taille judicieuse.

## PROTECTION DES PLAIES DE TAILLE

Lorsque l'on taille, la majorité des coupes effectuées intéressent des jeunes rameaux ou des branches de petit diamètre. Dans ce cas les plaies qui résultent de la coupe présentent une surface restreinte et la cicatrisation ne pose pas de problème.

Par contre il arrive que certaines interventions intéressent des branches d'un fort diamètre et l'on provoque alors des plaies ayant une surface très importante. Dans une telle situation la cicatrisation demandera quelquefois plusieurs années. Il est nécessaire dans ce cas de protéger le bois mis à nu de l'action des intempéries et d'établir un barrage à la pénétration des « spores » de certains cryptogames nuisibles à la santé de l'arbre. On utilise à cet effet des pâtes dites « mastic à greffer » qui s'emploient à chaud ou à froid. Le goudron de Norvège est aussi couramment employé.

Le commerce met à la disposition des professionnels et amateurs une gamme de produits très efficaces. En effet le produit utilisé doit présenter des qualités de résistance au froid, ne pas fondre sous l'action du soleil et conserver toutes ses qualités d'étanchéité jusqu'à complète cicatrisation.

Il est recommandé d'enduire systématiquement toutes les plaies de taille qui présentent plus de 3 à 4 cm de diamètre.

L'enduit doit être appliqué aussitôt après la coupe, au plus tard quelques heures après.

En règle générale, une plaie de taille doit être absolument nette, quelle que soit sa surface. Une coupe effectuée à la scie égohine doit toujours être « rafraîchie » à la serpette. Il ne doit subsister aucune bavure d'écorce. Les outils doivent être propres et très tranchants.

# VII. — ÉTUDE SYSTÉMATIQUE DE LA TAILLE

# LES ARBRES FRUITIERS

## Généralités.

Dans la vie d'un arbre fruitier on situe trois périodes : la croissance, l'âge adulte ou apogée, la vieillesse ou décrépitude.

Pendant la première période (croissance) l'arbre fructifie peu. Il est abondamment nourri, particulièrement en azote. Chaque année, lors de la taille d'hiver, on allonge sa charpente et augmente sa surface ou son volume. *C'est la taille dite de formation.*

Pendant la deuxième période (âge adulte) l'arbre a atteint son apogée végétative. On lui demande une production fruitière maximum. Pour l'aider à maintenir sa vie active et productive on l'alimente différemment. La potasse et surtout l'acide phosphorique deviennent la base de son alimentation. La taille a alors pour but de réglementer et de doser la fructification. Il n'est plus question d'augmentation de la charpente. On s'efforce de la maintenir dans des proportions normales et on applique une « taille de fructification ».

Pendant la troisième période (vieillesse) les opérations combinées de fumure et de taille visent uniquement à maintenir le plus longtemps possible l'état végétatif et productif de l'arbre. La durée de cette sorte de « survie » est variable. Elle est fonction de l'espèce, de la variété, de la nature du sol, du climat, des efforts de productivité qui ont été demandés antérieurement à l'arbre. En fonction de ces différents critères l'étude économique démontre que la rentabilité d'une culture est très vite contestable lorsque les arbres sont âgés. Il faut renouveler

### a) *Taille de formation*

Le but de ces interventions, qui se répètent pendant plusieurs années, consiste à établir la charpente d'un arbre (voir page 61 chap. « La taille de formation »). Plus l'arbre sera charpenté plus il produira de fleurs et par voie de conséquence plus il produira de fruits. Lorsque vous avez décidé l'acquisition d'arbres fruitiers, vous vous adressez à un pépiniériste. Celui-ci vous offre un choix de végétaux plus ou moins avancés quant à leur formation.

Les travaux de formation du premier âge relèvent d'une technique relativement poussée que nous n'avons pas l'intention de vous décrire ici. En effet votre objectif, lorsque vous plantez des arbres est d'obtenir une récolte le plus tôt possible, aussi avez-vous tout avantage à acquérir des sujets ayant déjà subi pendant plusieurs années l'intervention du technicien pépiniériste. Ces arbres sont alors déjà « mis en forme ».

Ouvrons, si vous le voulez bien, une parenthèse pour expliquer les différentes formes pratiques auxquelles sont soumis les arbres fruitiers cultivés dans les jardins.

*Arbres dits « formés »*. — Ces arbres sont soumis à une forme plus ou moins artificielle qui n'a rien d'empirique mais est établie en fonction de l'utilisation la plus rationnelle de l'arbre dans le jardin en vue de son meilleur rendement.

Les arbres sont quelquefois cultivés *à plat* le long d'un mur ou le long d'un treillage. Ce sont des « *formes plates* » qu'on appelle palmette (fig. 19).

Cette façon culturale est à envisager par l'amateur chaque fois que la surface dont il dispose est relativement réduite.

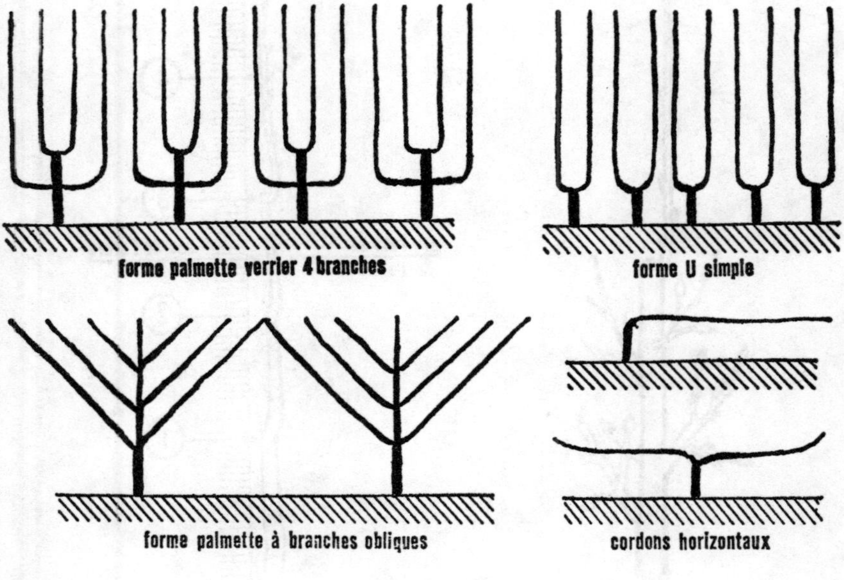


Fig. 19

### Arbres conduits en forme plate

*Formes à branches verticales.*

Tant que l'arbre n'a pas atteint sa hauteur définitive, qui se situe entre 2 et 3 mètres il faut le laisser grandir progressivement. Les prolongements (jeune pousse d'un an qui prolonge la branche charpentière, fig. 20) sont conservés à chaque taille d'hiver sur une longueur de 0,20 à 0,30. Il faut effectuer chaque coupe au-dessus d'un œil situé sur la face de l'arbre (fig. 21). Dans la

Fig. 20

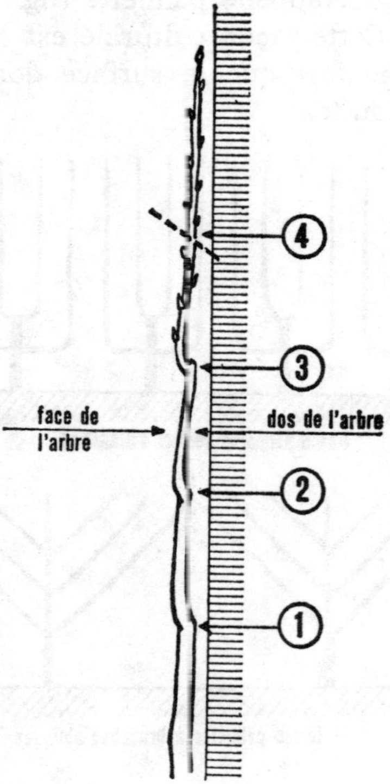


Fig. 21

forme U simple les deux branches sont taillées à la même hauteur. Dans la palmette à quatre branches les deux branches extérieures sont taillées un peu plus haut que celles de l'intérieur (fig. 22 et 23).

## ÉQUILIBRAGE DES PROLONGEMENTS D'UNE PALMETTE A BRANCHES VERTICALES

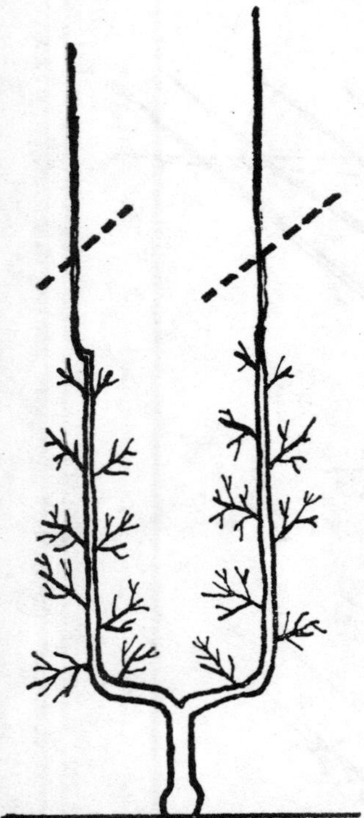

Fig. 22

**Palmette à deux branches (U simple).**
**Les deux branches sont taillées à la même hauteur sur un œil de face.**

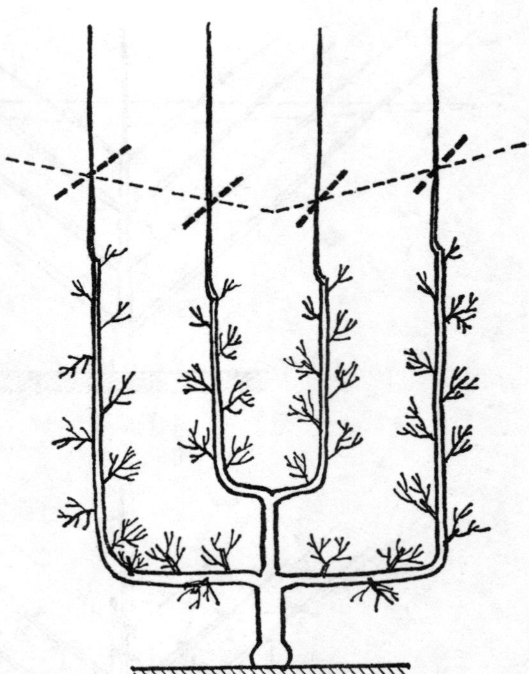

Fig. 23

**Palmette à quatre branches (palmette Verrier).**
**Il faut tailler un peu plus court les branches du centre, un peu plus long les branches de l'extérieur.**
**La coupe est effectuée sur un œil de face.**

*Formes à branches obliques.*

Dans les palmettes à branches obliques il faut agir en sorte que la branche centrale ne dépasse jamais en hauteur les branches secondaires (fig. 24). Il est même

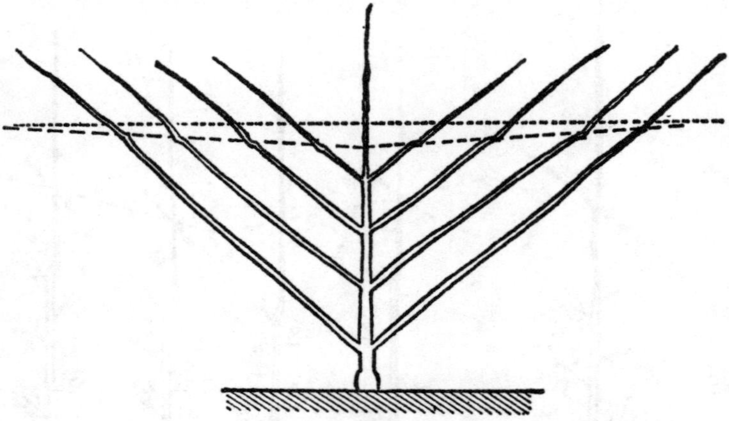

Fig. 24

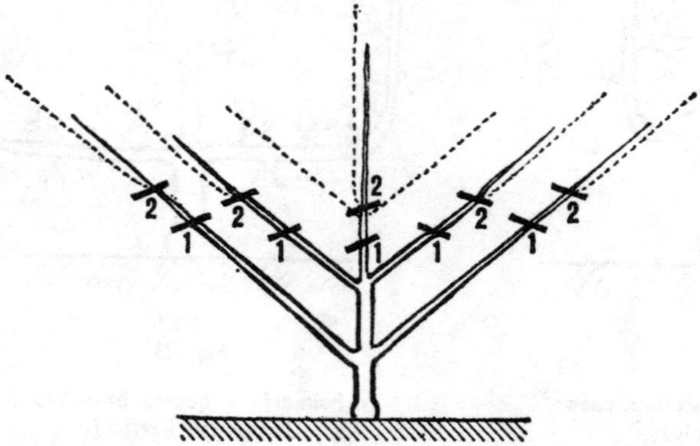


Fig. 25

préférable qu'elle soit maintenue un peu au-dessous. Chez un arbre à végétation normale on arrive ainsi à constituer un étage tous les 2 ans (fig. 25) ; ici aussi la coupe se fait toujours sur un œil de face pour la branche centrale et sur un œil en-dessous pour les branches obliques.

L'année où l'on forme un étage, la flèche centrale est taillée sur trois yeux, un central pour obtenir le prolongement, deux latéraux pour le départ du nouvel étage (fig. 26).

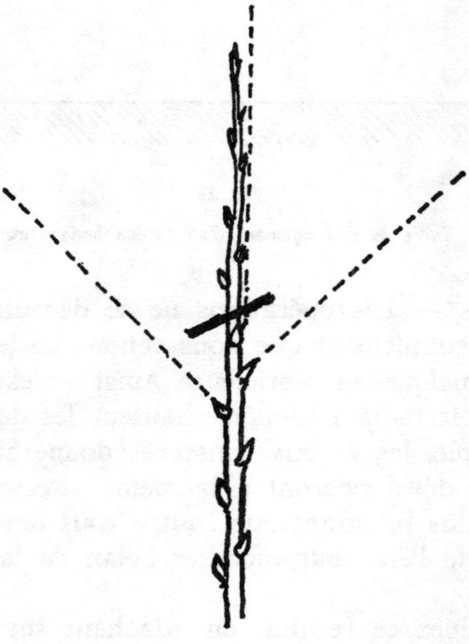

Fig. 26

*Cordons horizontaux.*

Ici le travail est très simple. Le prolongement est taillé sur un œil en dessous à 25 ou 30 centimètres de sa naissance (fig. 27).

Dans le courant de l'été au fur et à mesure que les jeunes prolongements se développent ils sont fixés sur les baguettes ou fils de fer placés à cet effet.

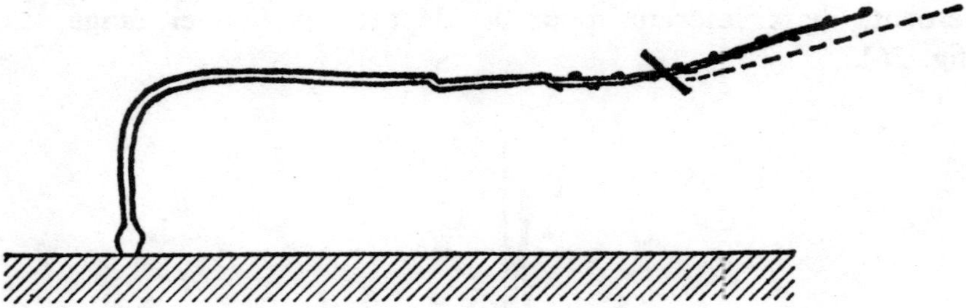

**Fig. 27**

**Taille du prolongement d'un cordon horizontal.**

**Remarque.** — Les opérations ne se déroulent pas toujours aussi simplement que nous venons de le décrire ; la nature est quelquefois capricieuse. Ainsi il n'est pas évident qu'après avoir taillé à la même hauteur les deux branches d'un U simple, les 2 yeux conservés donneront des branches qui se développeront à la même vitesse. Si l'une a un départ plus fulgurant que l'autre vous devez agir dans le courant de l'été pour modérer l'élan de la plus vigoureuse.

Vous obtenez ce résultat en attachant sur la baguette de guidage le plus vigoureux jusqu'à son extrême pointe alors que vous laissez l'extrémité de l'autre très libre (fig. 28) ; si cela ne suffit pas à modérer son ardeur vous coupez une ou plusieurs fois dans le courant de l'été l'extrémité des jeunes feuilles de cette pousse vigoureuse (fig. 29). Si toutes ces opérations sont bien menées vous avez des chances d'obtenir à l'automne deux prolongements de même force.

Ces diverses interventions de régularisation sont aussi appliquées quand cela est nécessaire sur les palmettes à 4 branches et sur les palmettes à branches obliques.

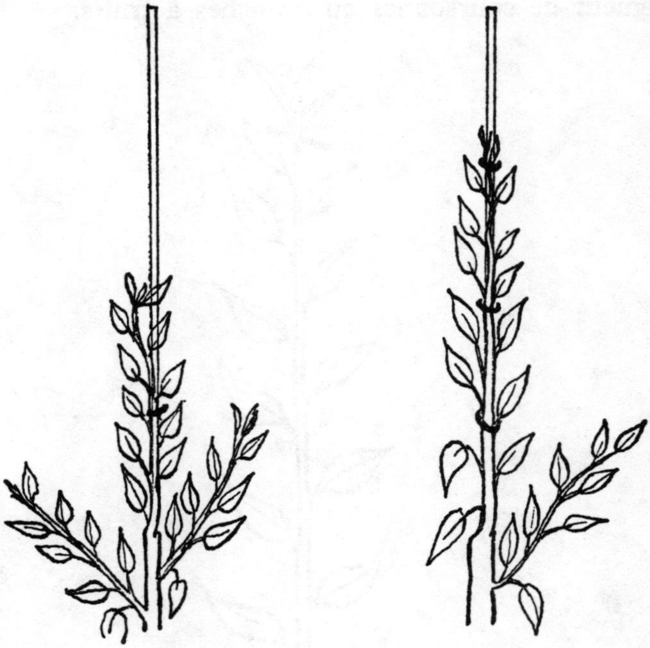

**Fig. 28**

**Départ irrégulier de deux prolongements chez un arbre formé en U. Le palissage serré du plus vigoureux et libre du plus faible a une action régulatrice.**

Chez les arbres dits « formés » nous rencontrons également des « *formes rondes* ». Le type le plus couramment employé sous cette forme est le « fuseau » ; c'est celle qui convient le mieux aux petits jardins.

Le fuseau (fig. 30) est constitué par une tige axiale verticale garnie à partir de 0,30 mètre du collet de branches charpentières latérales réparties régulièrement autour de cet axe, conduites obliquement à 45° et pourvues sur leur longueur de coursonnes ou branches à fruits.

Fig. 29

Vous achetez à votre pépiniériste un fuseau de 3, 4 ou 5 ans. Il sera très important pour vous de continuer à former cet arbre jusqu'à ce qu'il ait atteint sa hauteur normale (3 ou 4 mètres). Il sera alors devenu adulte.

La taille de formation aura donc pour but de surveiller et d'équilibrer l'allongement des branches charpentières et de l'axe central.

Chaque branche charpentière étant terminée par un prolongement comme celles de la palmette il faut chaque

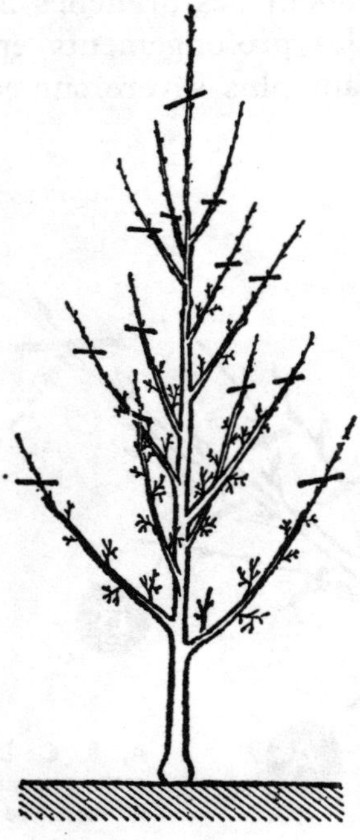

**Fig. 30**

**Jeune fuseau de 5 ans**

année, au cours de l'hiver procéder à la taille de ces divers rameaux. Le but de cette opération est de maintenir entre eux un équilibre constant. Comme pour les palmettes la taille se fait en hiver à l'aide du sécateur ou si l'on est assez habile avec la serpette. Il faut être très attentif à empêcher les branches du sommet et particulièrement l'axe central de prendre un développement exagéré. Nous savons que la sève a toujours tendance à se porter dans les extrémités les plus élevées et les mieux éclairées du végétal. Cet afflux a pour résultat une production importante de branches et ceci au détriment des branches inférieures (fig. 33).

Nous couperons les prolongements environ au tiers de leur longueur en étant plus sévère sur ceux de l'extrémité.

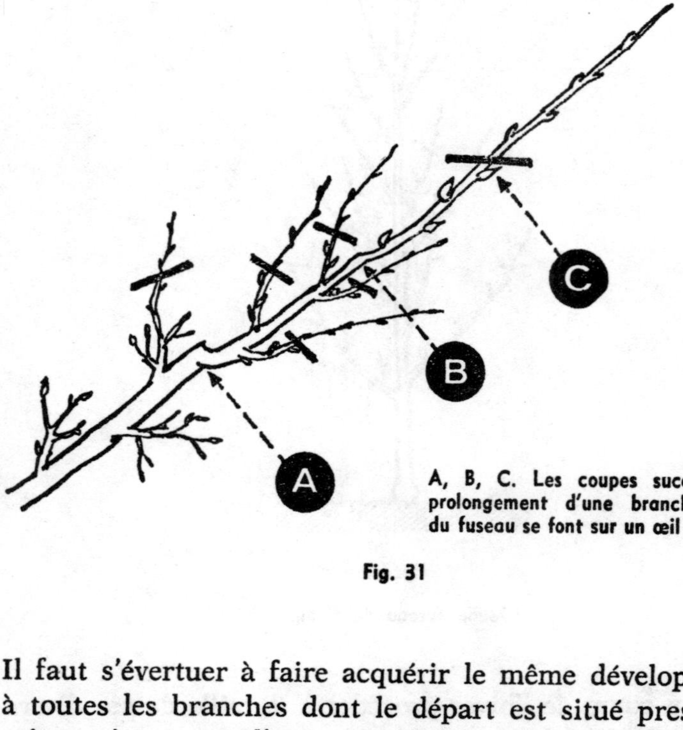


A, B, C. Les coupes successives du prolongement d'une branche latérale du fuseau se font sur un œil en dessous.

Fig. 31

Il faut s'évertuer à faire acquérir le même développement à toutes les branches dont le départ est situé presque au même niveau sur l'axe central (voir fig. 30). Les prolongements des charpentières latérales sont taillés sur un œil « en dessous » (fig. 31 ». Le prolongement de l'axe central est taillé en conservant l'œil une année d'un côté, une

Détail d'une branche charpentière de palmette et de ses coursonnes après la taille d'hiver (poirier) :

1 - branche charpentière
2 - coursonne
3 - bouton à fleurs
4 - dard
5 - brindille
6 - bourse

Détail sur poirier :

1 - Bourse
2 - Dard
3 - Brindilles

Bouton à fleurs sur poirier.

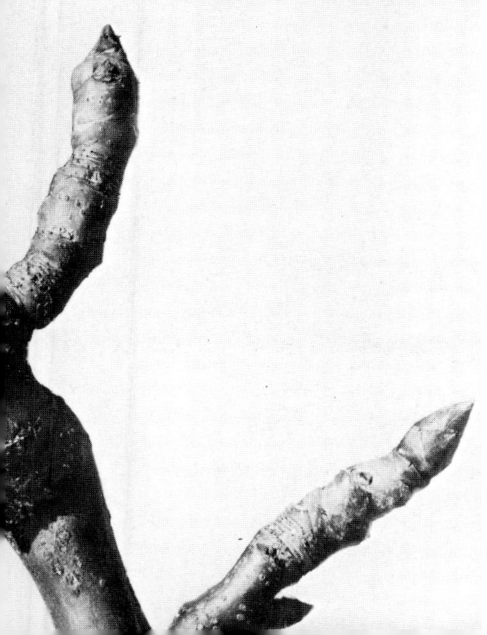

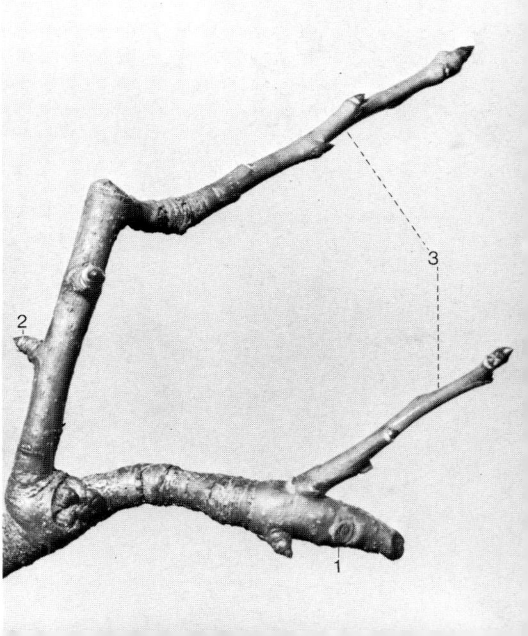

Une haie pittoresque (charme)

Une haie décorative meuble le soubassement d'une terrasse (cotoneaster franchetti)

année de l'autre (fig. 32). L'œil de l'extrémité de cet axe central donnera un nouveau prolongement qui se développera verticalement, 3 ou 4 des yeux latéraux donneront naissance à des branches charpentières latérales.

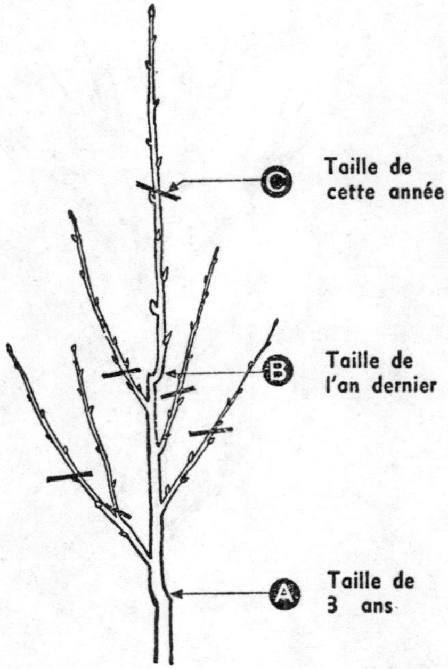


Fig. 32

Fuseau

Taille de l'extrémité et de la flèche

A, B, C. Choix de l'œil de prolongement alterné chaque année

Si vous rencontrez « des gourmands » qui ont échappé à votre vigilance dans le courant de l'été vous les supprimez impitoyablement par une coupe nette bien au ras de leur départ (fig. 47).

Il arrive quelquefois, particulièrement sur le poirier que

vous rencontriez sur le prolongement une quantité importante de boutons à fleurs aux lieu et place des yeux à bois. Cet état est dû à une évolution rapide et anormale des yeux à bois. Si l'organe au-dessus duquel vous devez tailler

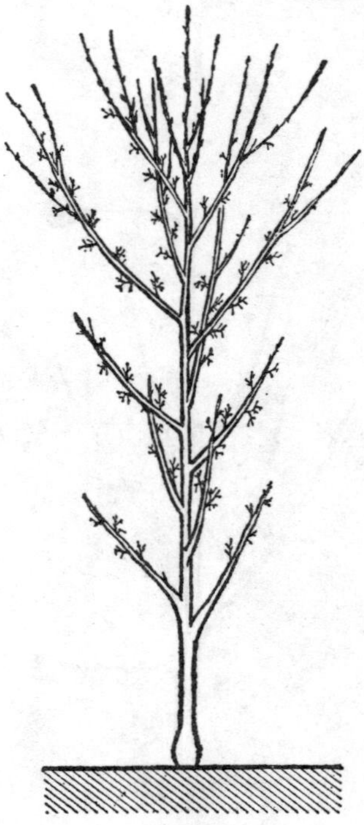

**Fig. 33**

**Après quelques années. Aspect d'un fuseau mal taillé.**
**La végétation se porte à l'extrémité de l'arbre au détriment des branches de la base.**

le prolongement est un bouton à fleur deux solutions sont possibles :

*a*) Vous taillez au-dessus du bouton comme vous le feriez sur un œil à bois puis lorsqu'au printemps il épanouira ses fleurs vous les couperez ; il se dégagera alors de ce bouton à fleur un axe à bois qui existe toujours à l'état latent et qui vous donnera un prolongement comme l'aurait fait un œil à bois (fig. 43).

*b*) Après avoir taillé la branche au-dessus du bouton à fleurs vous coupez celui-ci en conservant le petit support qui le rattache à la branche. A gauche et à droite de ce support il existe deux yeux stipulaires qui se développeront au printemps. Vous n'aurez alors qu'à choisir le meilleur comme prolongement en supprimant le plus faible lorsque ces pousses auront 5 à 6 cm de longueur (fig. 44).

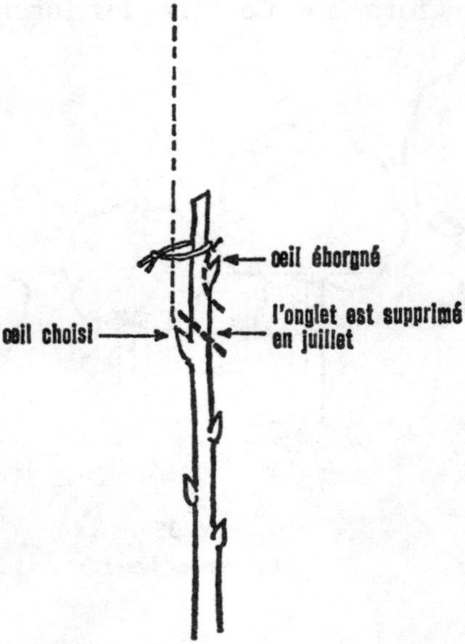


Fig. 34

Pour faciliter la conduite du prolongement particulièrement sur les formes « taillées, rondes » comme le fuseau on pratique couramment la taille dite « à onglet ».

Au lieu de tailler directement sur l'œil choisi pour constituer le nouveau prolongement, on taille à 1 ou 2 yeux au-dessus. L'œil ou les yeux conservés au-dessus de celui choisi sont éborgnés. Lorsque le jeune bourgeon se développe on le palisse sur l'onglet conservé ce qui lui permet de prendre la direction précise dans le prolongement de la branche charpentière. En juillet ou août suivant on supprime l'onglet (fig. 34).

### ARBRES CONDUITS EN FORMES LIBRES

Les arbres conduits en forme libre ne sont pas soumis à l'intervention de l'homme avec la même rigueur que les arbres dits « formés ». Ce sont des formes désignées par

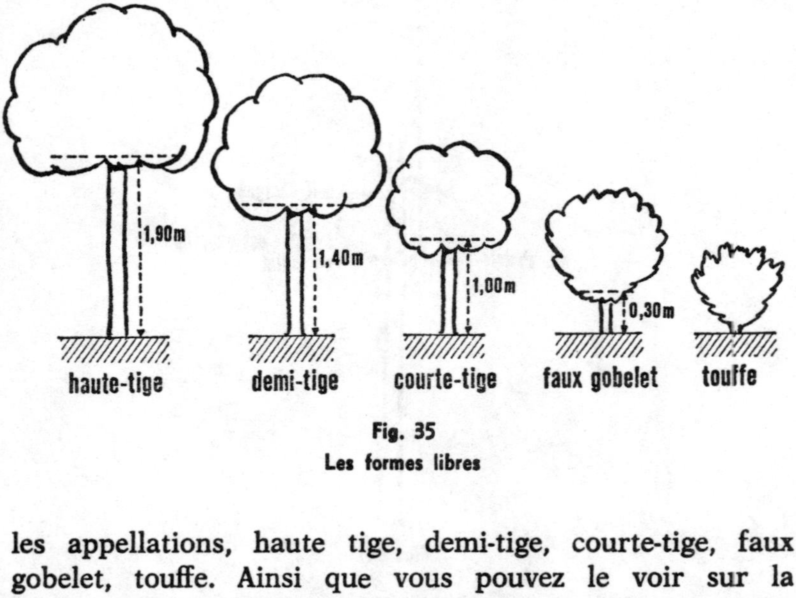


**Fig. 35**
**Les formes libres**

les appellations, haute tige, demi-tige, courte-tige, faux gobelet, touffe. Ainsi que vous pouvez le voir sur la figure 35 ces différentes dénominations sont motivées par la hauteur de la tige ou même par l'absence complète de tige.

Votre intervention est nécessaire et efficace pendant le jeune âge du végétal. Elle consiste à orienter convenablement le départ des jeunes branches qui deviendront plus tard les branches « charpentières » du sujet et à limiter leur nombre au strict nécessaire.

Nous allons étudier la formation de la tête d'un arbre montée sur une tige ; que celle-ci soit haute ou courte le principe est le même. L'arbre haute tige ou demi-tige est généralement obtenu par l'implantation d'un greffon sur une tige préparée à cet effet à la hauteur désirée (1).

Après une année de végétation vous avez obtenu une tête dite « tête d'un an » (fig. 36) constituée par 3 branches.

Opérations nécessaires pour obtenir une tête bien équilibrée. Se pratiquent en hiver :

— **Premier hiver après le greffage** : coupe des 3 branches aux deux tiers de leur longueur sur un œil extérieur.

— Deuxième hiver après le greffage : coupe des prolongements aux deux tiers de leur longueur toujours sur un œil extérieur.

— Troisième hiver après le greffage : vous ne conservez qu'un seul prolongement par branche soit 12 qui sont taillés aux deux tiers de leur longueur, les ramifications secondaires étant taillées à 3 yeux (fig. 36).

Par la suite vous vous contentez de régulariser la végétation en raccourcissant la ou les branches qui prennent trop d'extension par rapport aux autres et ont tendance à créer un déséquilibre.

Le même principe est valable pour la formation d'une touffe ou d'un faux gobelet.

Les principes directeurs à l'aboutissement d'une forme libre sont :

(1) Voir *Comment greffer vos arbres.* Edition « La Terre », Flammarion.

— équilibre végétatif des branches,
— limitation de leur nombre,
— répartition équitable et régulière de ces branches,
— orientation de chacune pour que toutes aient leur espace vital,
— suppressions des branches en surnombre au centre pour éviter l'encombrement et obtenir même au centre de la tête une aération et un ensoleillement favorables à une bonne fructification dans l'avenir.

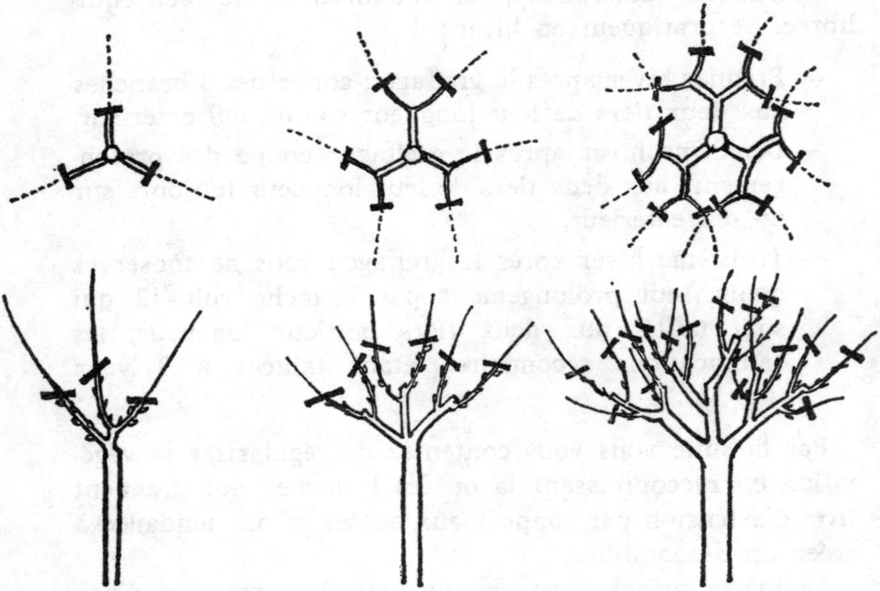

**1re année**
**3 branches**
**Taille à 4/5 yeux sur un œil en dessous.**

**2e année**
**6 branches**
**Taille à 5/6 yeux sur un œil en dessous.**

**3e année**
**12 branches**
**Les prolongements de chaque branche sont taillés à 5/6 yeux. Les autres branches secondaires à 2/3 d'yeux.**

**Fig. 36**

### b) *Taille de fructification*

Cette taille se réfère à une technique qui doit aboutir à favoriser la mise à fruit de l'arbre lorsqu'il a acquis un début de formation. Elle permet de régulariser et d'améliorer la fructification.

*Arbres dits « formés ».* — Chez ces arbres, la taille de fructification est étroitement liée à la taille de formation car dans ces formes dirigées il faut constamment intervenir pour limiter l'arbre à la forme et aux proportions prévues.

Qu'ils soient conduits en cordon, fuseau, palmette, ces arbres sont essentiellement constitués par une ou plusieurs branches charpentières le long de laquelle sont réparties régulièrement des ramifications dites « coursonnes ». C'est sur ces coursonnes qu'apparaissent les fleurs et les fruits. La taille de fructification a pour but l'édification, la répartition, la conservation de ces coursonnes et la juste répartition de la sève pour maintenir un équilibre convenable à l'ensemble du sujet.

Chaque espèce fruitière est justiciable d'une taille particulière que nous allons, dans le prochain chapitre, étudier en détail.

*Arbres en forme libre.* — Sur ces arbres, surtout sur les hautes tiges et demi-tiges, cette forme d'intervention est assez limitée.

Elle consiste plutôt en une sorte d'élagage qui a pour but, comme nous l'avons dit en page 50 de maintenir au végétal une forme équilibrée, de procurer à l'ensemble de l'arbre une aération et un ensoleillement convenables (fig. 37 et 38).

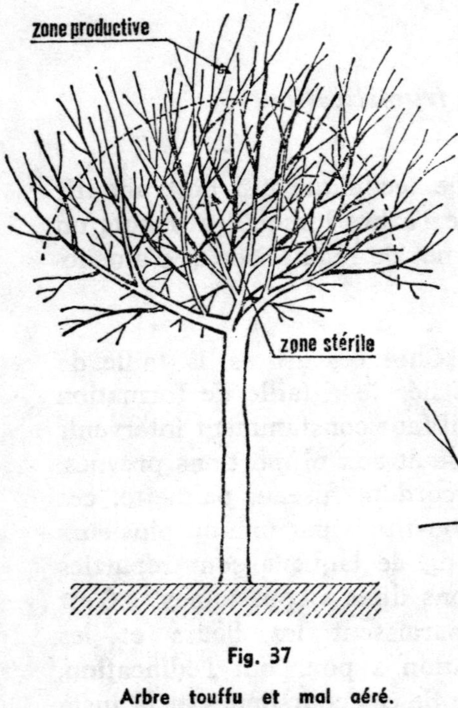


Fig. 37

**Arbre touffu et mal aéré. Seule la partie extérieure de la frondaison, qui est suffisamment éclairée et aérée, est productrice.**

**Rentabilité insuffisante**

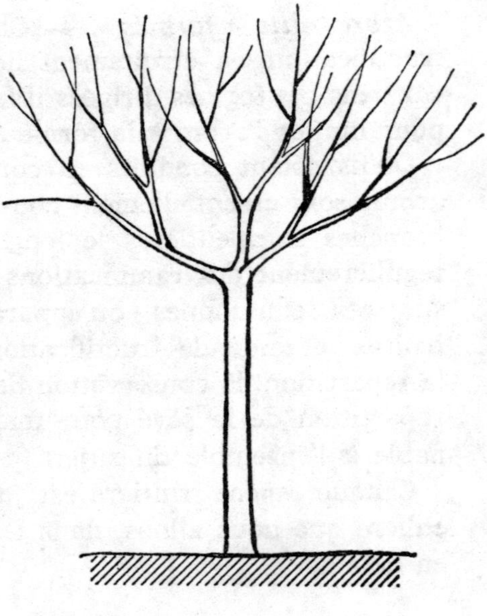

Fig. 38

**Arbre en forme libre bien équilibré et aéré. La fructification s'établit sur l'ensemble des branches. La tête de l'arbre est productive dans tout son volume.**

**Rentabilité maximum**

## Comment je taille mes arbres fruitiers.

Ainsi que nous l'avons vu, la taille de fructification a une grande importance pour les arbres formés, conduits en formes plates ou rondes, aussi notre étude va-t-elle être orientée tout particulièrement sur les espèces fruitières qui acceptent ces formes : poirier, pommier, pêcher. Nous étudierons ensuite quelques autres espèces telles que : vigne, groseilliers, cassis.

Nous passerons plus rapidement les espèces cerisier, prunier, cognassier, etc., qui se cultivent couramment en formes libres et ,de ce fait, ne sollicitent pas autant l'attention et les interventions du praticien.

*Principes généraux de taille :*

— La fructification d'un arbre est inversement proportionnelle à sa vigueur.

— La sève a toujours tendance à se porter dans les parties les plus élevées et les plus éclairées de l'arbre.

— Les différentes parties d'un arbre sont solidaires dans leur développement.

— Les fruits sont d'autant plus beaux qu'ils sont situés plus près de la branche charpentière.

### *Je taille mes poiriers*

D'abord, familiarisons-nous avec l'arbre par l'étude des divers éléments qui constituent son ensemble végétatif aérien, puis nous poserons quelques lois fondamentales relatives à son développement.

*L'œil.* — C'est un petit organe plus ou moins pointu que l'on rencontre réparti tout le long du rameau de l'année.

Il est constitué par un axe intérieur recouvert de fines écailles. Il est situé sur une petite proéminence appelée « coussinet ». En été, on rencontre un œil à la base de chaque feuille sauf les deux ou trois premières à la base du rameau qui sont dites stériles. A l'automne, les feuilles tombent et les yeux apparaissent comme sur le croquis ci-contre (fig. 39).

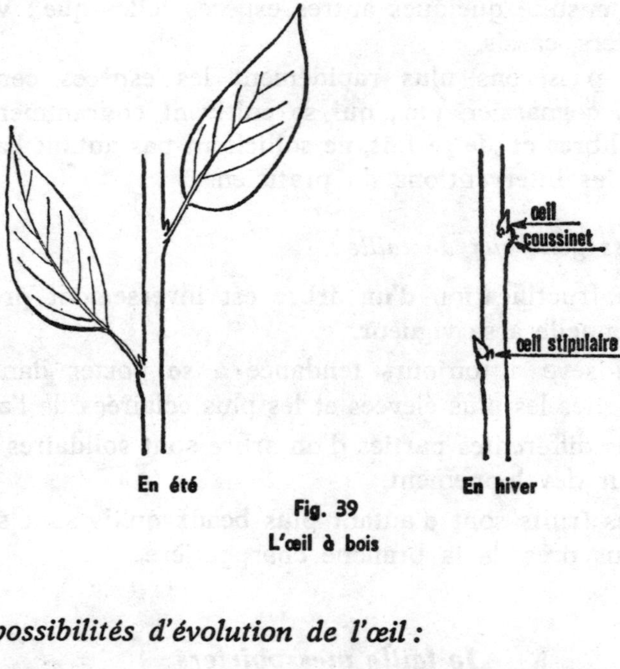


Fig. 39
L'œil à bois

*Les possibilités d'évolution de l'œil :*

— Bien pourvu en sève, il pousse à bois, c'est-à-dire qu'il donne naissance à un rameau.
— Moyennement pourvu en sève, il évolue en dard.
— Insuffisamment pourvu en sève, il reste latent.

Le résultat de son évolution est donc en rapport direct avec la quantité de sève qu'il reçoit. Celle-ci est acheminée en plus ou moins grande abondance suivant :

— l'emplacement de l'œil sur le rameau par rapport aux autres,
— l'emplacement sur l'arbre de la branche qui le porte,
— l'intervention du jardinier.

*Le rameau à bois.* — Lorsque l'œil est régulièrement et suffisamment alimenté en sève, il se développe et donne naissance à un rameau. Ce développement commence au

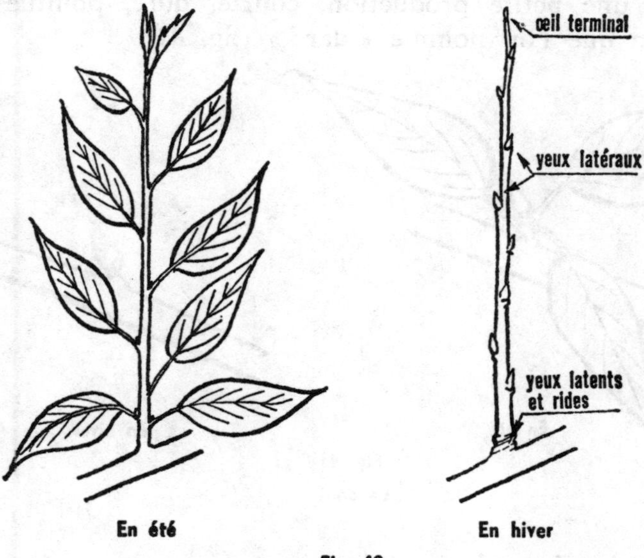


**Fig. 40**
**Le rameau à bois**

printemps et se termine à la fin de l'été. Le rameau à bois présente des yeux répartis sur toute sa longueur. Le dernier, situé à l'extrémité s'appelle l'œil terminal, les autres, situés tout le long du rameau sont les yeux latéraux (fig. 40). L'œil est accompagné de deux yeux très petits dits « stipulaires » situés à gauche et à droite de l'œil principal. Ces yeux restent à l'état latent lorsque l'œil principal se développe. A la base du rameau, il existe des yeux dits « yeux latents ». Ils ne sont pas visibles, mais si l'on coupe le rameau en hiver à quelques millimètres au-dessus de sa naissance, ils se développent au printemps suivant et donnent naissance à des rameaux à bois ou à des « dards ».

*Le dard.* — Lorsque l'œil n'est que moyennement approvisionné en sève, il ne donne pas naissance à un rameau mais à une petite production, courte, dure, pointue et piquante que l'on nomme « dard » (fig. 41).

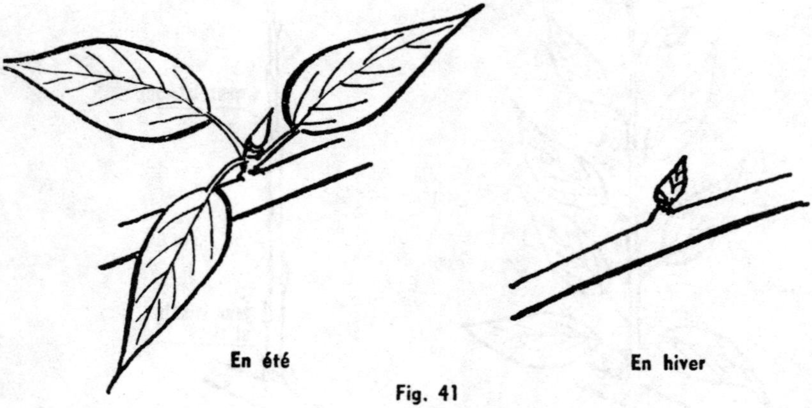


Fig. 41
Le dard

Ce dard qui a mis un été pour se former peut évoluer de la façon suivante :

— S'il est fortement alimenté en sève, il donnera naissance à un rameau à bois.
— S'il reçoit un afflux modéré de sève, il se transforme en bouton à fleurs.
— S'il reçoit peu de sève, il restera à l'état latent et si l'arbre est peu vigoureux, il pourra demeurer ainsi pendant plusieurs années, tout en conservant toutes ses possibilités.

Si nous nous référons aux lois dont nous avons pris connaissance précédemment, nous pouvons préciser que l'intervention de la taille se matérialisera comme suit :

— Le dard recevra une forte pression de sève et évoluera en rameau à bois si on taille directement au-dessus de lui ; il recevra une pression modérée et aura des chances d'évoluer en bouton à fleurs s'il se trouve en deuxième ou troisième position à partir de l'extrémité de la partie de rameau conservée. Il a des chances de demeurer latent s'il se trouve très éloigné de l'extrémité de la coursonne et surtout si l'arbre est déjà peu vigoureux.

*Le bouton à fleurs.* — C'est l'aboutissement de l'évolution du dard tel que le souhaite l'arboriculteur. Ce résultat final

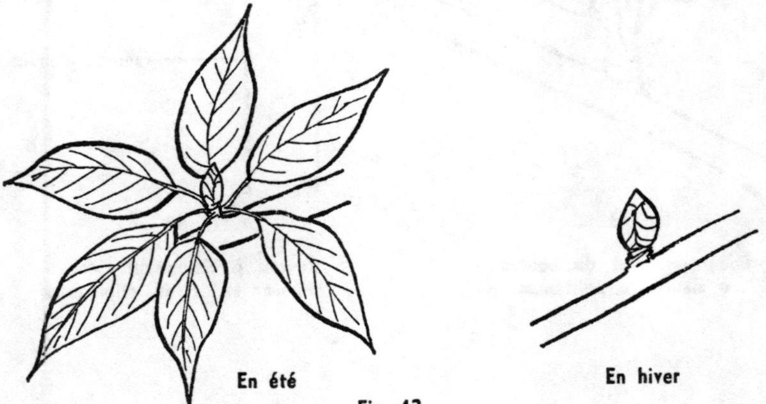


Fig. 42
Le bouton à fleurs

est obtenu chaque fois que la sève est normalement canalisée et répartie dans les diverses ramifications de l'arbre. Le but de la taille est de permettre à l'arboriculteur d'obtenir cette normalisation par des interventions judicieuses en fonction de la vigueur du sujet (fig. 42).

A ce stade évolutif, l'organe considéré donnera naissance au printemps, quelles que soient les circonstances ou la taille pratiquée, à une corymbe de fleurs. Si les conditions sont favorables, un ou plusieurs fruits résulteront de cette éclosion.

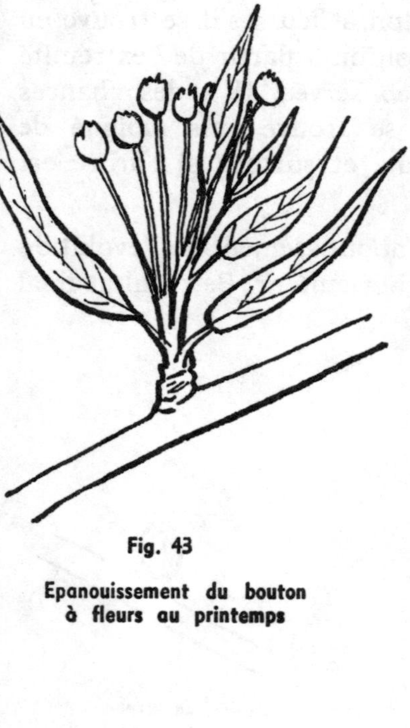

Fig. 43

Epanouissement du bouton à fleurs au printemps

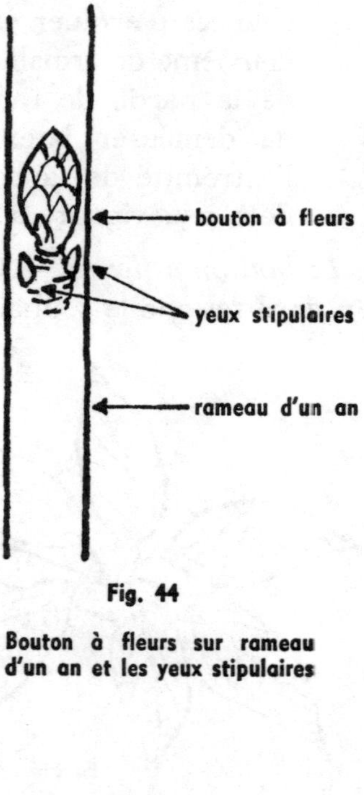


Fig. 44

Bouton à fleurs sur rameau d'un an et les yeux stipulaires

Le bouton à fleurs renferme, en plus du corymbe de fleurs, un « axe à bois » qui peut produire un rameau à bois ou ne pas se développer.

Cette particularité permet d'exploiter le bouton à fleurs pour l'obtention d'un rameau à bois lorsque son emplacement l'impose. Dans ce cas, au moment du débourrement, on supprime les fleurs (fig. 43).

*La bourse.* — C'est un renflement charnu sur lequel est inséré le pédoncule du fruit et qui demeure après la chute ou la cueillette. Elle a la particularité d'émettre des dards et des boutons à fleurs. C'est donc une production d'un

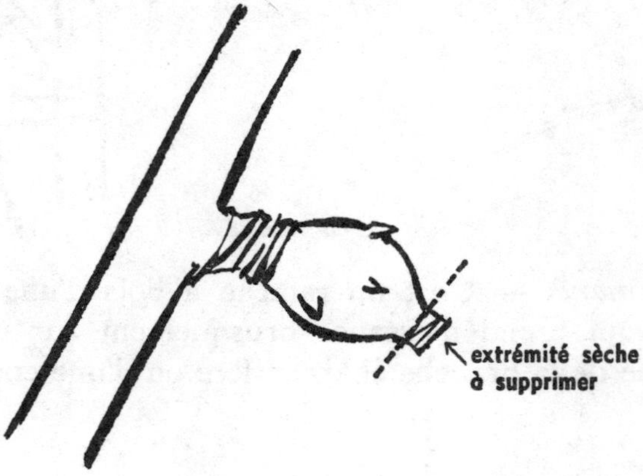


Fig. 45

Bourse

grand intérêt que l'on conserve toujours lors de la taille. L'intervention de l'arboriculteur au droit de cet organe consiste simplement à supprimer l'extrémité desséchée (fig. 45).

*La brindille.* — C'est un petit rameau de 10 à 20 cm de longueur, mince et flexible. Les yeux inférieurs ont une prédisposition à demeurer à l'état latent alors que l'œil terminal se transforme facilement en bouton à fleurs.

Certaines variétés et particulièrement « Passe Crassane » fructifient beaucoup sur brindille.

C'est une production que l'on conserve dans son intégralité ; on peut favoriser l'évolution de l'œil terminal en arquant la brindille (fig. 46).

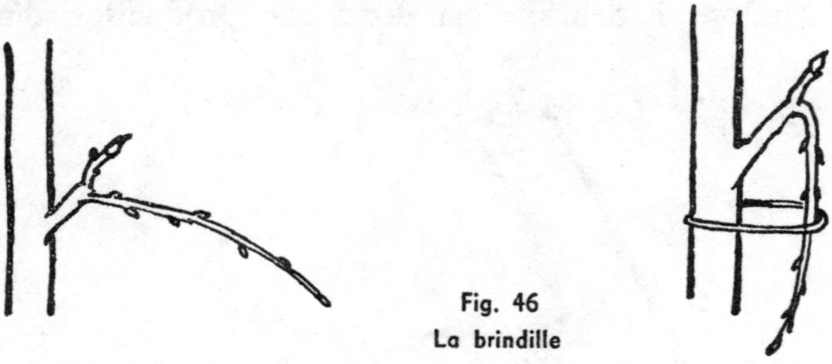

Fig. 46
La brindille

*Le gourmand.* — C'est un rameau à bois d'une vigueur excessive qui prend naissance brusquement sur un point quelconque de la branche charpentière ou d'une coursonne.

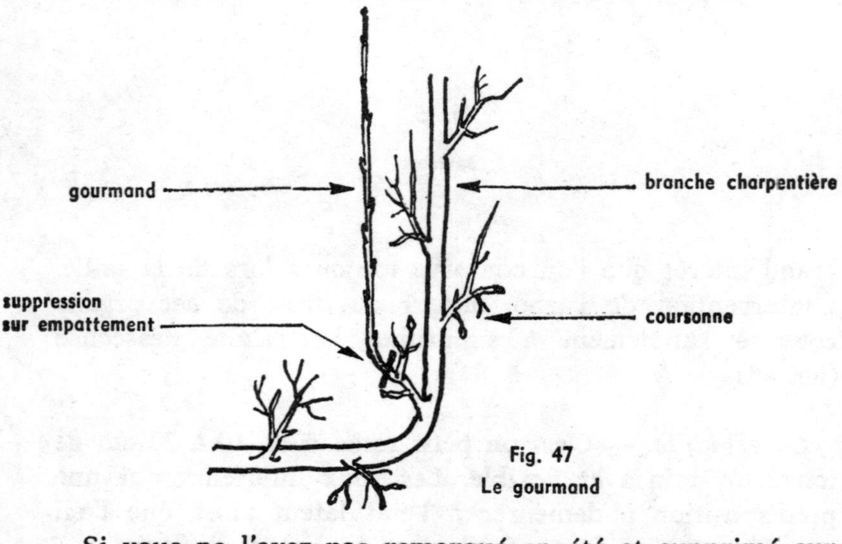


Fig. 47
Le gourmand

Si vous ne l'avez pas remarqué en été et supprimé sur empattement, vous faites cette suppression en hiver (fig. 47).

*Coursonne.* — Petites branches ramifiées, réparties régulièrement le long de la branche charpentière et qui portent les fruits.

Ainsi que nous le verrons plus loin les interventions du praticien se situent à deux époques :

— La taille dite d'hiver, qui se pratique pendant la période d'arrêt végétatif (février-mars est l'époque la plus recommandable).

— Les interventions d'été qui se situent en mai-juin et quelquefois juillet. Elles sont le complément indispensable de la taille d'hiver.

En effet, lorsque l'on taille pendant le repos végétatif il n'est jamais certain que l'évolution se produise exactement comme prévu. De nombreux facteurs peuvent contrarier les prévisions de l'arboriculteur (accidents météorologiques, attaques de parasites, etc.).

**Règles végétatives particulières au poirier.**

— La fructification s'établit sur des ramifications relativement faibles.

— Plus on taille court, *en hiver*, plus le départ est vigoureux et par conséquent l'arbre peu disposé à se mettre à fruit.

— Plus on taille court, *en été*, plus on affaiblit l'arbre et plus il est disposé à se mettre à fruit.

— Chaque feuille porte à son aisselle un œil principal et au moins deux yeux stipulaires qui en conditions normales restent latents.

— Les yeux peuvent rester latents pendants plusieurs années et se développer lorsqu'ils sont mis en condition.

— Tous les yeux peuvent se transformer en boutons à fleurs.

— Le bouton à fleurs renferme plusieurs fleurs.

Il peut donc donner plusieurs fruits.

Il renferme, en outre, des feuilles et un axe à bois qui peut donner naissance à un rameau.

— Les feuilles sont indispensables au développement de l'arbre et du fruit.

— Avant de tomber, à l'automne, les feuilles restituent les éléments nutritifs qu'elles contiennent. Ceux-ci se concentrent dans les *coussinets* situés sous les yeux au point d'insertion de la feuille.

## Théorie de la taille du poirier

## Synchronisation des opérations d'hiver et d'été

Nous illustrons par des croquis les principaux cas qui peuvent se présenter et les interventions qu'ils nécessitent. De l'observation de ces schémas, vous pourrez tirer des conclusions pratiques pour résoudre tous les cas que vous trouverez sur un arbre dont la végétation est normale.

## PREMIER CAS DE TAILLE

1re année

HIVER →

Fig. 48

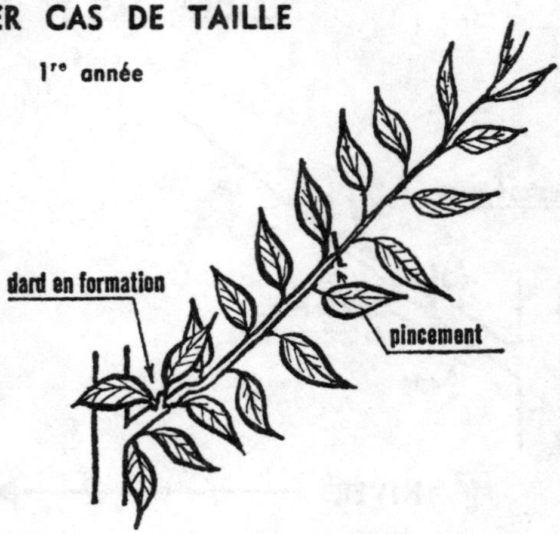


L'ÉTÉ SUIVANT

Fig. 49

## PREMIER CAS DE TAILLE

2e année

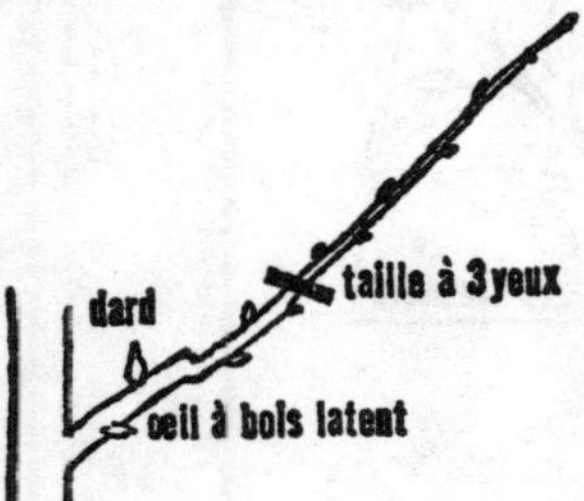


HIVER →

Fig. 50

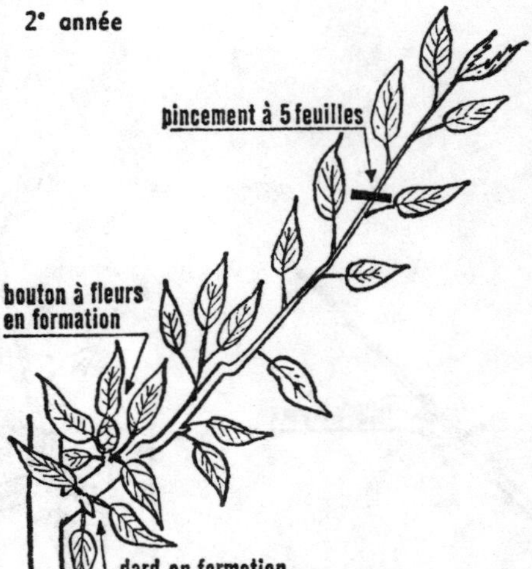


L'ÉTÉ SUIVANT

Fig. 51

## PREMIER CAS DE TAILLE

3e année

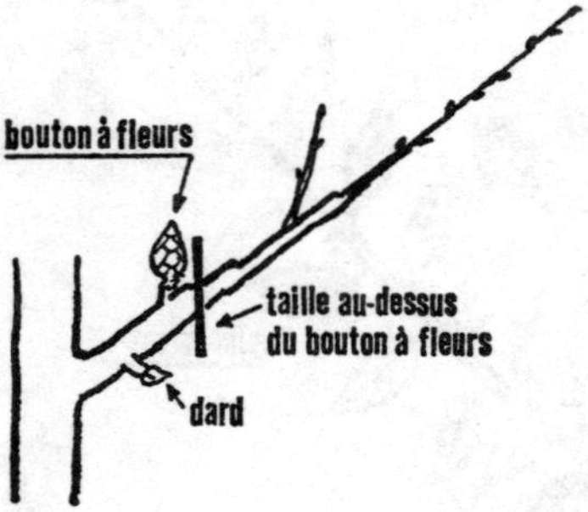


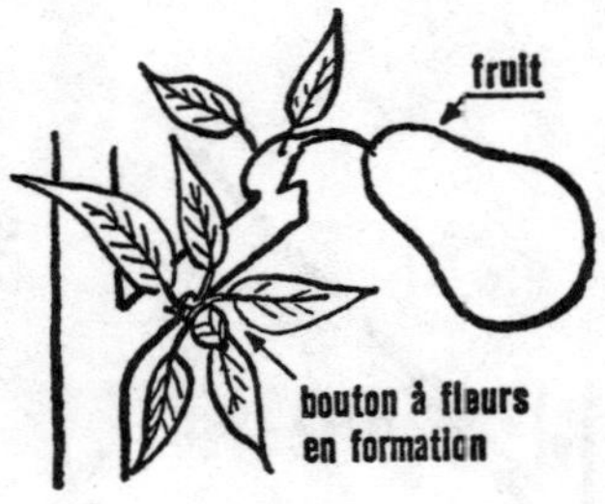


HIVER ——→ L'ÉTÉ SUIVANT

Fig. 52 Fig. 53

## SECOND CAS DE TAILLE

1re année

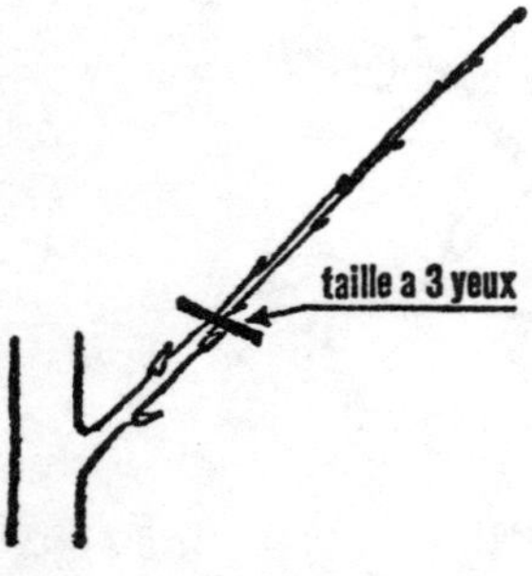


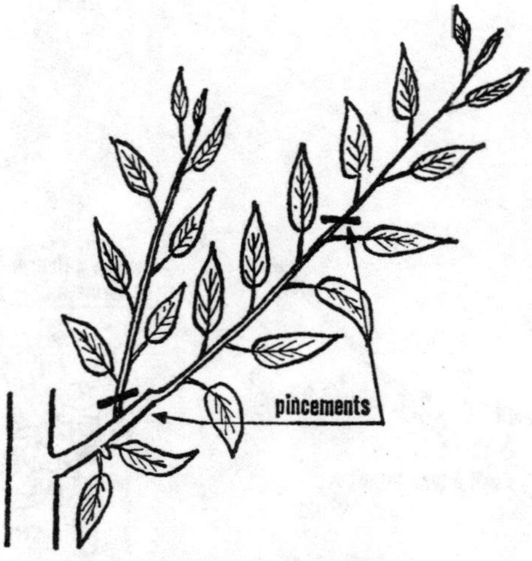


HIVER ——→ L'ÉTÉ SUIVANT

Fig. 54 Fig. 55

## SECOND CAS DE TAILLE
2ᵉ année

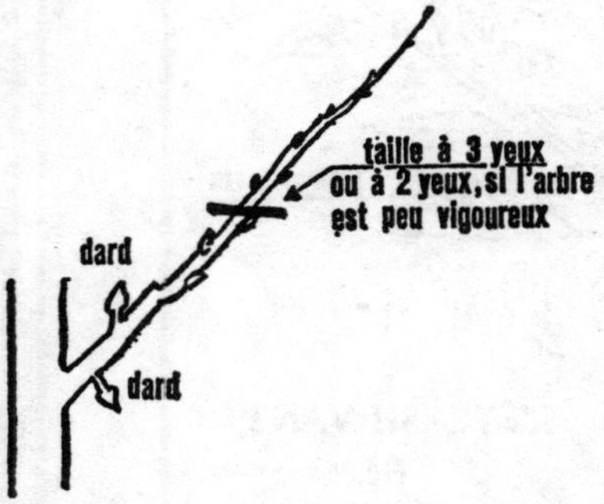


HIVER

Fig. 56

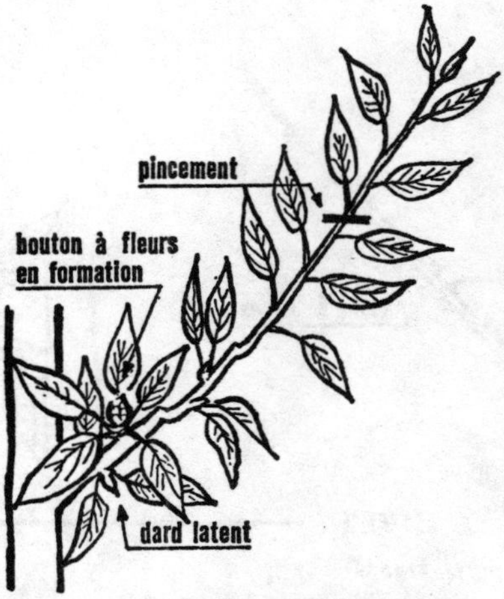


L'ÉTÉ SUIVANT

Fig. 57

## SECOND CAS DE TAILLE
3ᵉ année

HIVER

Fig. 58

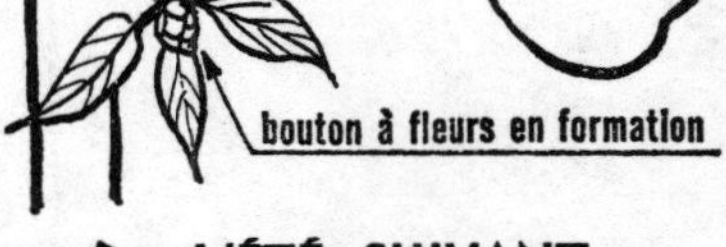


L'ÉTÉ SUIVANT

Fig. 59

## TROISIÈME CAS DE TAILLE

1re année

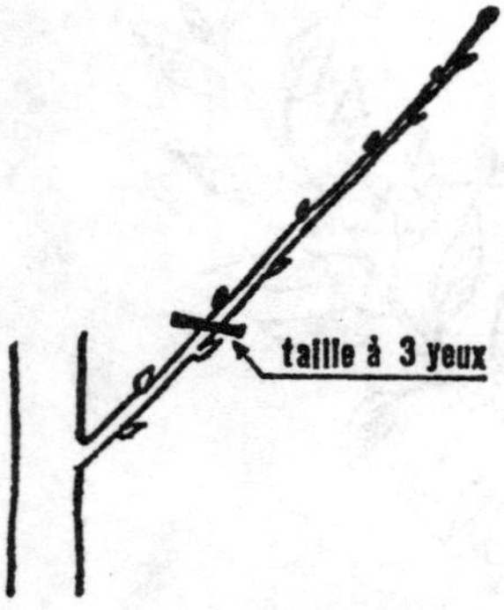


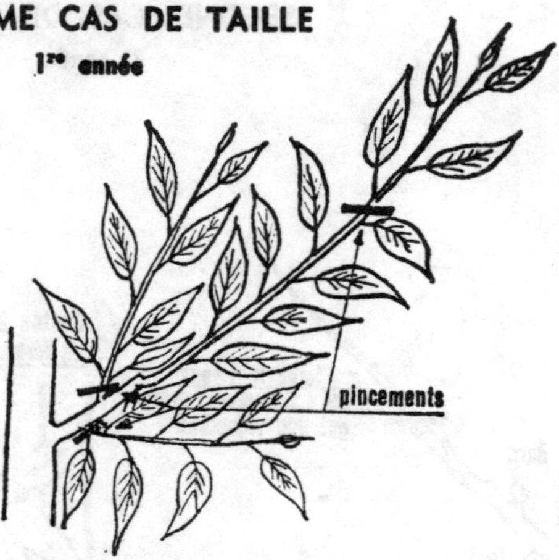


HIVER → L'ÉTÉ SUIVANT

Fig. 60 Fig. 61

## TROISIÈME CAS DE TAILLE

2e année

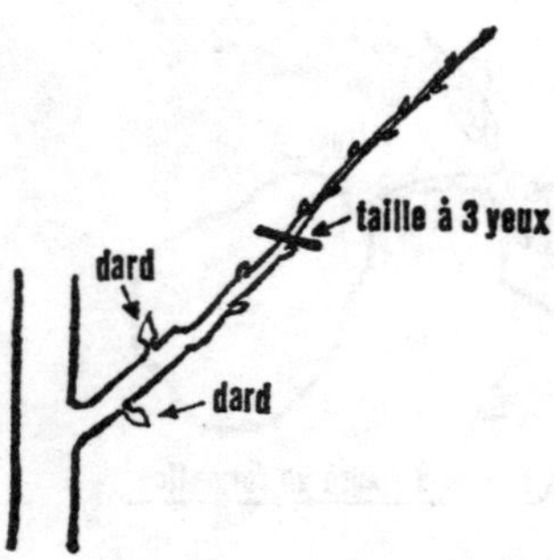


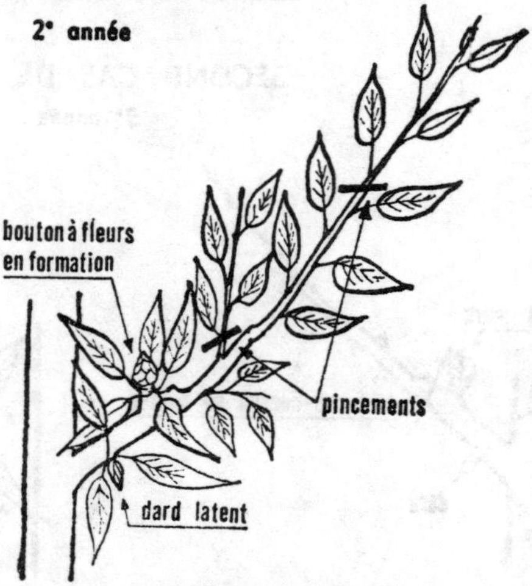


HIVER → L'ÉTÉ SUIVANT

Fig. 62 Fig. 63

## TROISIÈME CAS DE TAILLE

**3e année**

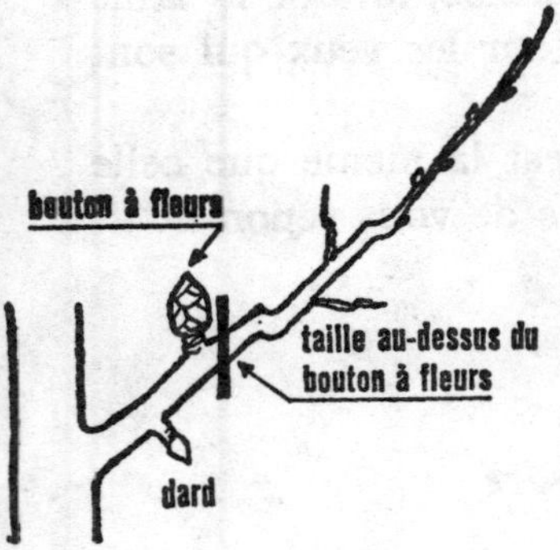


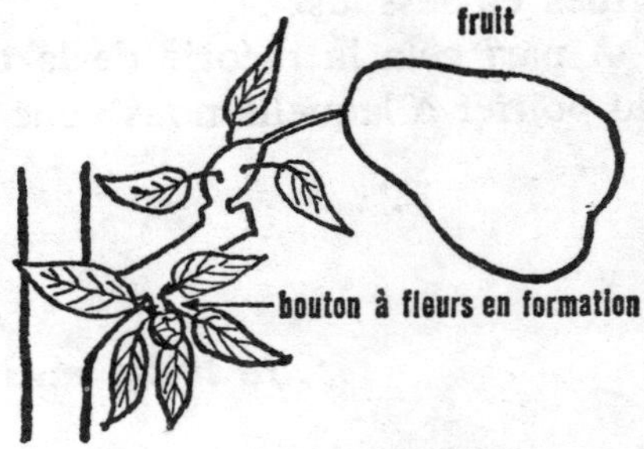


**HIVER** ⟶ **L'ÉTÉ SUIVANT**

Fig. 64 — Fig. 65

## *Je taille mes pommiers*

Si l'on se place strictement au point de vue de la taille, on constate une grande analogie entre pommier et poirier.

On rencontre sur le pommier les mêmes productions que sur le poirier et leur évolution est semblable.

**Quelques particularités.**

*Les yeux* situés sur le rameau sont plus rapprochés que sur le poirier.

Ils s'annulent plus fréquemment.

*Le dard,* assez gros, se distingue plus difficilement du bouton à fleurs.

*La bourse,* très charnue et spongieuse est moins généreuse et ne produit que rarement des dards et des boutons à fleurs. Dans bien des cas il est préférable, lors de la taille d'hiver de la supprimer et de tailler sur les yeux qui sont situés en-dessous.

A part cela la théorie de la taille est la même que celle du poirier à laquelle nous vous prions de vous reporter.

## *Je taille mes pêchers*

Avec le pêcher nous allons faire connaissance d'un type d'arbre tout à fait différent des deux précédents.

### Caractères généraux du pêcher.

Le pêcher est un arbre à croissance rapide.

Il faut limiter les interventions de taille aux jeunes branches. L'arbre est sujet à la gommose, maladie qui s'extériorise par un écoulement abondant de gomme. L'apparition de cette gommose est favorisée par les plaies importantes occasionnées par la suppression de grosses branches. Elle sévit également sur les arbres plantés en terrain très humides.

*Principaux éléments végétatifs du pêcher, tels qu'on les rencontre sur l'arbre au moment de la taille d'hiver, en mars.*

*L'œil à bois* — En été il est situé à la base des feuilles ; en hiver, de forme allongée et pointue, on trouve des yeux à bois répartis sur la longueur du rameau à bois. Il peut être simple double ou triple. Il est quelquefois accompagné d'un ou de deux boutons à fleurs Si l'œil ne se développe pas au cours de l'été suivant, il s'annule (fig. 66).

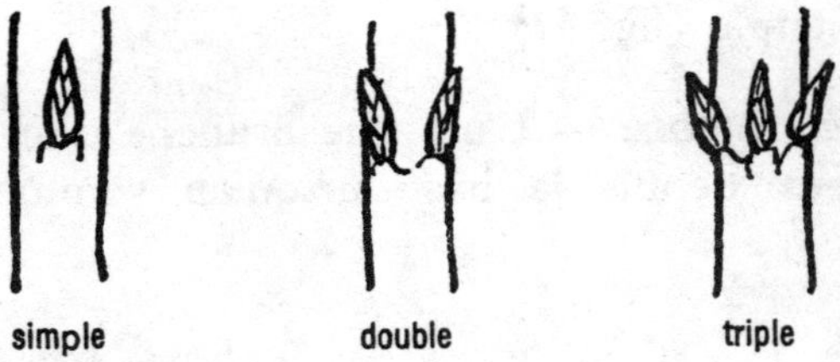


Fig. 66
Œil à bois

*Boutons à fleurs.* — De forme arrondie et duveteux il se différencie et est vraiment reconnaissable vers la fin de l'hiver. Il se forme sur un rameau en cours de développement, on le voit donc au moment de la taille sur les rameaux d'un an.

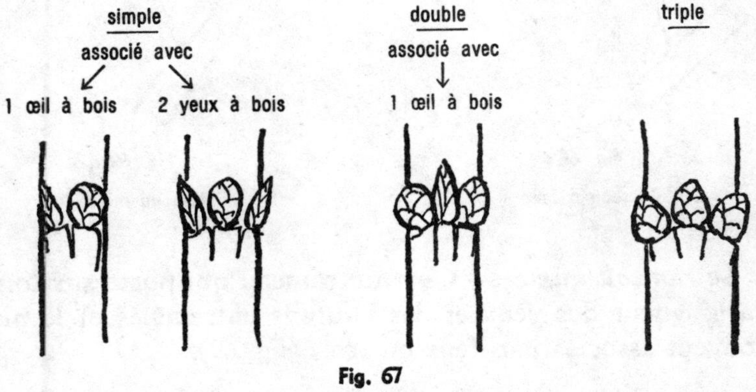


Fig. 67
Bouton à fleur

Il contient une seule fleur qui s'épanouira au printemps.

Il peut donc donner un fruit et rien d'autre. Lorsque le fruit est détaché de la branche il ne reste rien du bouton.

Le bouton est rarement solitaire, il est souvent accompagné d'un ou de deux yeux à bois ; il est quelquefois double ou triple (fig. 67).

*Le rameau à bois.* — C'est une branche d'un an qui est garnie d'yeux depuis la base jusqu'au sommet (fig. 68).

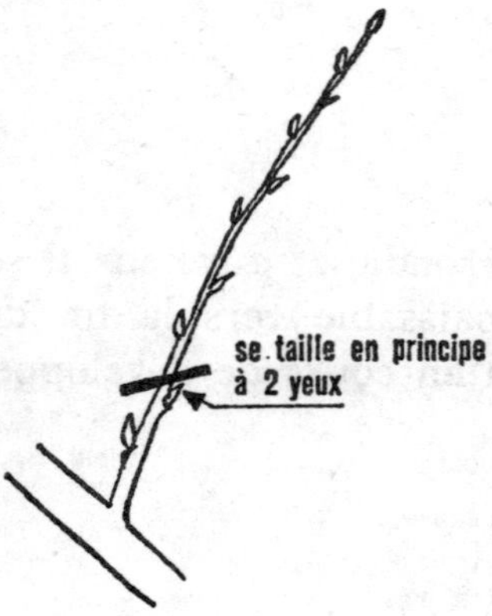


Fig. 68
Rameau à bois

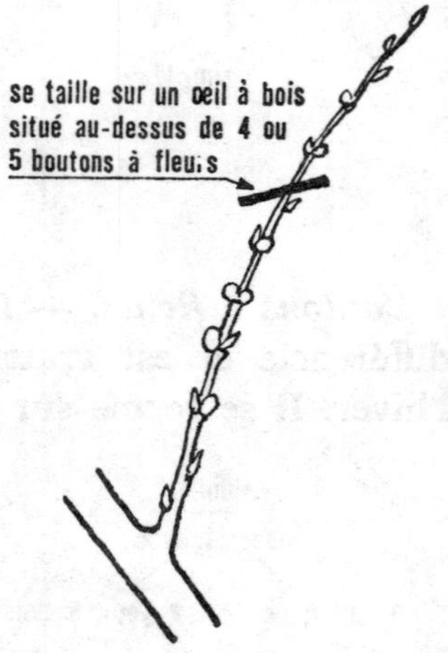


Fig. 69
Rameau mixte

*Le rameau mixte.* — C'est un rameau qui porte sur toute sa longueur des yeux et des boutons entremêlés et le plus souvent associés par deux ou trois (fig. 69).

*Le rameau chiffon ou branche chiffonne.* — C'est l'équivalent de la brindille du poirier. C'est une production longue et grêle, généralement dépourvue d'yeux et garnie sur toute sa longueur de boutons à fleurs le plus souvent isolés. Quelquefois un œil à bois assez faible apparaît à la base. Si cette chiffonne est éloignée d'autres coursonnes et que l'on ait intérêt à la conserver il faut tout faire pour provoquer le développement de cet œil qui est naturellement disposé à s'annuler (on taille sur 1 bouton ou même directement sur l'œil) (fig. 70).

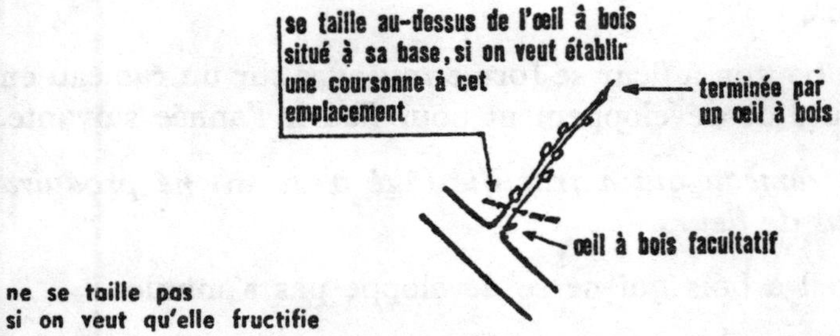


Fig. 70
Branche chiffonne

*Le bouquet de mai.* — On l'appelle aussi « cochonnet ». C'est une production très courte. Elle est constituée par des boutons à fleurs rassemblés les uns contre les autres.

Fig. 71
Bouquet de mai

Elle est généralement terminée par un œil à bois. C'est une excellente production fruitière qui produit de très beaux fruits. On la conserve dans son intégralité (fig. 71).

*Principes de la taille du pêcher.*

— La fructification s'établit généralement sur des branches relativement faibles.

— Le bouton à fleur ne renferme qu'une fleur et rien de plus.

— Le bouton à fleur se forme *toujours* sur un rameau en cours de développement pour fleurir l'année suivante.

— *Le rameau qui a fructifié* (âgé d'un an) *ne produira plus de fleurs.*

— L'œil à bois qui ne se développe pas s'annule.

— Puisque les rameaux ne sont capables de fructifier qu'une seule fois, on doit, chaque année, lors de la taille, *prévoir leur remplacement.* Ce rameau de remplacement doit être situé aussi près que possible de la branche charpentière.

— Il n'y a pas, sur le pêcher, d'yeux latents, sauf de rares exceptions.

## Théorie de la taille du pêcher

*Synchronisation des opérations d'hiver et d'été.*

Comme pour le poirier, nous schématisons ci-après la méthode d'intervention hiver et été.

La taille dite d'hiver se pratique fin mars, juste avant la floraison.

# TAILLE SUR RAMEAU MIXTE

**Premier cas**

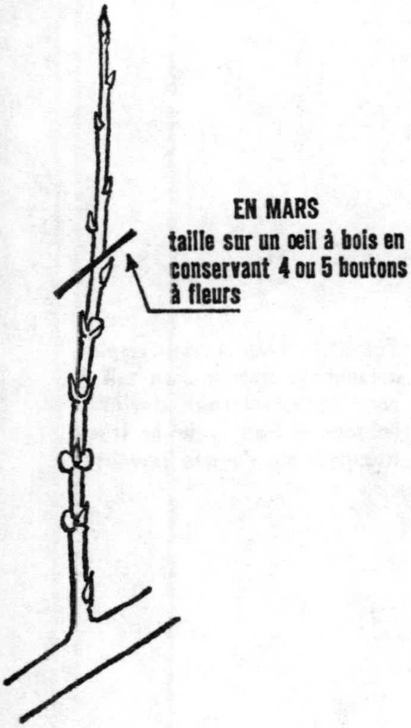


Fig. 72

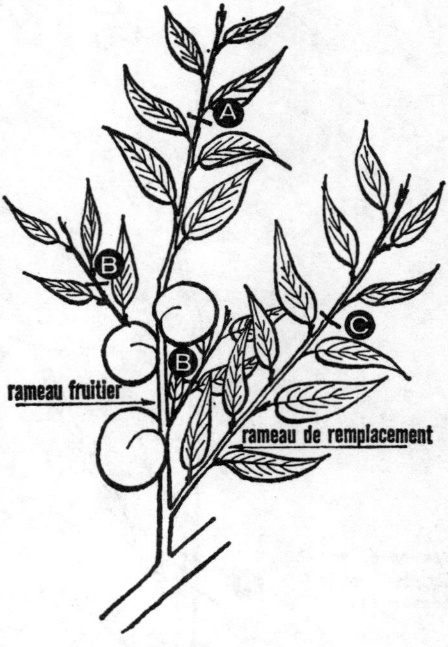


Fig. 73

**HIVER ⟶ L'ÉTÉ SUIVANT**

**EN JUIN**

pincement du rameau fruitier au-dessus de 4 feuilles (A) et des rameaux accompagnant les fruits au-dessus de deux feuilles (B).
pincement du rameau de remplacement à la 7° ou 8° feuille (C).

# TAILLE SUR RAMEAU MIXTE

**Premier cas**

**EN MARS DE LA DEUXIÈME ANNÉE**

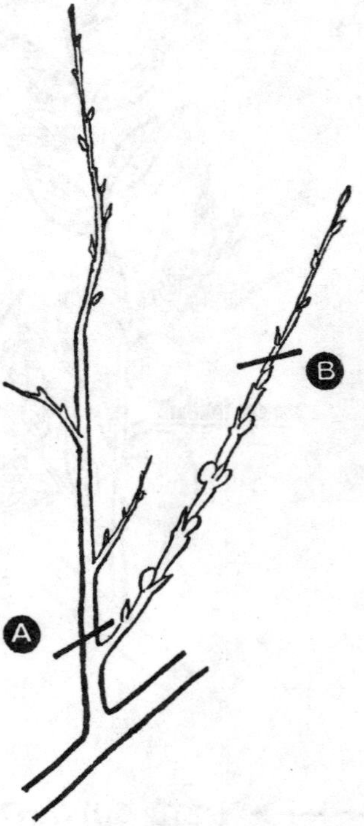


**Taille du rameau de remplacement au-dessus d'un œil à bois en conservant quelques boutons à fleur pour la fructification de l'année suivante.**

**suppression du rameau fruitier de l'année précédente (1)**

**L'HIVER SUIVANT**

**Fig. 74**

Et l'on continue chaque année selon le même principe.

(1) Cette opération peut se faire en septembre-octobre de l'année précédente après la récolte. (Taille en vert.)

## TAILLE SUR RAMEAU MIXTE

**Second cas - Taille en crochet**

**1re année**

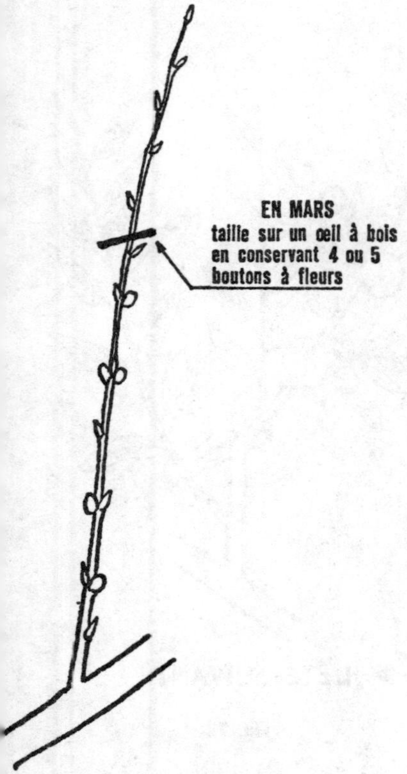


Fig. 75

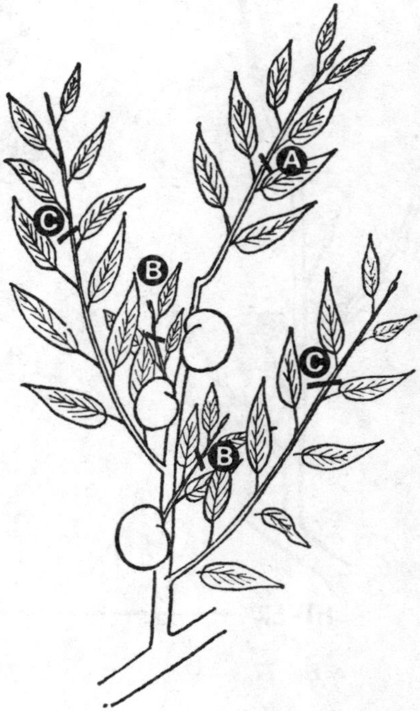


Fig. 76

**HIVER ⟶ L'ÉTÉ SUIVANT**

**EN JUIN**

**pincement du rameau terminal à 4 feuilles (A), des rameaux accompagnant les fruits à deux feuilles (B). Pincement des rameaux de remplacement à 7 ou 8 feuilles (C).**

## TAILLE SUR RAMEAU MIXTE

**Second cas - Taille en crochet**

**2e année**

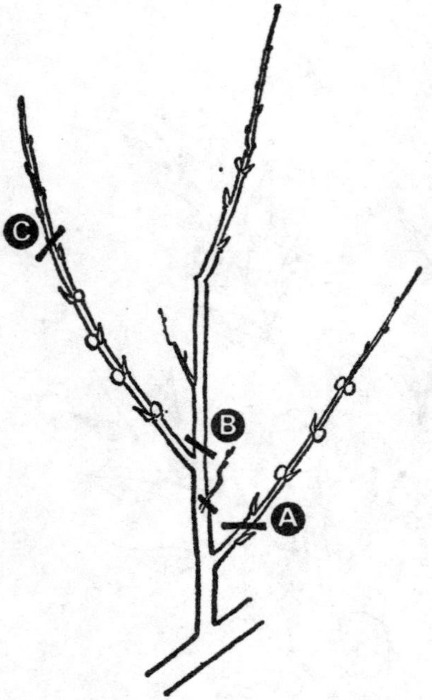

**HIVER ——► L'ÉTÉ SUIVANT**

**Fig. 77**

A. Ce rameau trop faible pour donner de beaux fruits est taillé sur un œil à bois bien constitué, situé le plus près possible de sa base.

B. Suppression du rameau fruitier de l'année précédente (1).

C. Taille du rameau conservé comme remplacement au-dessus d'un œil à bois, en conservant 4 ou 5 boutons à fleur.

**Fig. 78**

EN JUIN

pincement du rameau terminal à 4 feuilles (A), des rameaux accompagnant les fruits à deux feuilles (B).

Pincement des autres rameaux à 7 ou 8 feuilles (C).

(1) Cette opération peut se faire en septembre - octobre de l'année précédente après la récolte. (Taille en vert.).

## TAILLE SUR RAMEAU MIXTE

**Second cas - Taille en crochet**

**3e année**

## HIVER

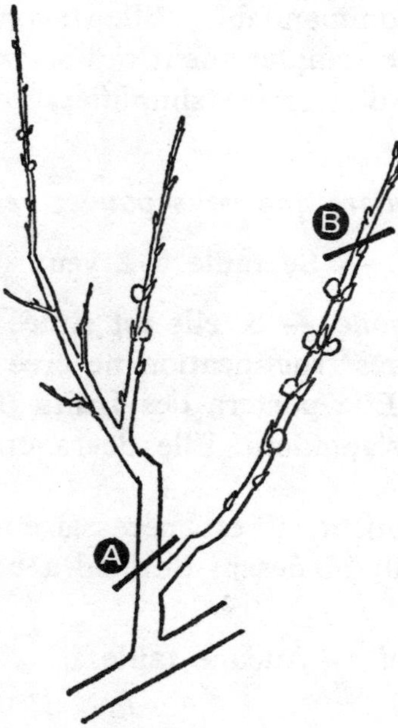


**Fig. 79**

**A. Suppression du rameau fruitier de l'année précédente.**

**B. Taille du rameau de remplacement sur un œil à bois en conservant 4 ou 5 boutons à fleur.**

Il n'y a aucune préférence à l'emploi de l'une ou l'autre de ces deux méthodes. En pratique elles sont simultanément appliquées sur le même arbre en fonction de l'aspect de la coursonne (1) à traiter.

(1) Nous rappelons que la « coursonne » est une ramification née sur la branche charpentière destinée à porter les fruits. Les coursonnes sont régulièrement réparties sur celle-ci.

*La taille en vert.*

Elle consiste à supprimer, après la récolte des fruits, la partie de coursonne qui doit normalement être supprimée lors de la taille d'hiver (fig. 74 et 77). Cette opération est particulièrement recommandable. Elle favorise l'allongement du bourgeon de remplacement qui se trouve fortifié. Par ailleurs la taille d'hiver est simplifiée.

*Quelques cas particuliers que vous pouvez rencontrer.*

*Un rameau à bois.* — Se taille à 2 yeux (fig. 68).

*Une branche chiffonne.* — Si elle est située à un endroit ou sa disparition après fructification ne crée pas un vide, on ne la taille pas. Elle portera des fruits. Très certainement l'œil de base s'annulera. Elle devra être supprimée l'hiver suivant.

Si à son emplacement, il est nécessaire d'établir une coursonne, on la taille au-dessus de l'œil à bois situé à la base (fig. 70).

*Un bouquet de mai.* — Aucune taille.

### Je taille ma vigne

Il existe de nombreuses méthodes de taille de la vigne. Elles ne sont pas les mêmes suivant les régions et suivant les variétés. Ces adaptations de méthodes particulières ont surtout cours dans les pays vignobles et s'appliquent aux variétés de vignes à vin (2). Nous n'en parlerons pas ici. Notre objectif demeurant l'initiation de l'amateur, nous étudierons le principe de la taille classique de la vigne à raisin de table conduite en treille.

(2) Voir *Plantation et culture de la vigne,* du même auteur. Edition « La Terre », Flammarion.

**Caractères végétatifs de la vigne.**

— La vigne est une plante à tiges et rameaux sarmenteux qui se fixent aux supports qu'ils rencontrent à l'aide de vrilles.

— Au sortir du repos hivernal, elle passe successivement par les phases nettement tranchées du *débourrement* de la *feuillaison*, de la *floraison*, de la *fructification*.

— **Ici, il n'y a pas de bouton à fleurs.**

***La vigne fleurit et fructifie sur le bois en période de croissance issue du bois de l'année précédente.***

— Pendant la végétation, chaque coursonne est constituée par un *rameau fructifère* et un *rameau de remplacement*. La théorie de la taille de la vigne présente beaucoup d'analogie avec celle du pêcher, elle est basée sur le principe du remplacement (remplacement du rameau qui a fructifié par un nouveau rameau fructifère).

## THÉORIE DE LA TAILLE DE LA VIGNE

Le sarment que l'on observe en hiver est garni sur toute sa longueur d'yeux qui tous, ont la possibilité au printemps de se développer et de donner naissance à un jeune bourgeon. Si l'œil est gros, bien constitué, le bourgeon qui naîtra de lui sera porteur d'une ou plusieurs grappes.

Si l'œil est chétif, il est probable qu'il donnera naissance à un bourgeon stérile.

Sur certaines variétés de vignes les quatre ou cinq yeux comptés au départ de la base du sarment sont stériles. Les yeux fertiles n'apparaissent qu'à partir du milieu du rameau. Sur ces variétés on appliquera la taille dite longue ou à long bois.

## TAILLE COURTE

**1re année**

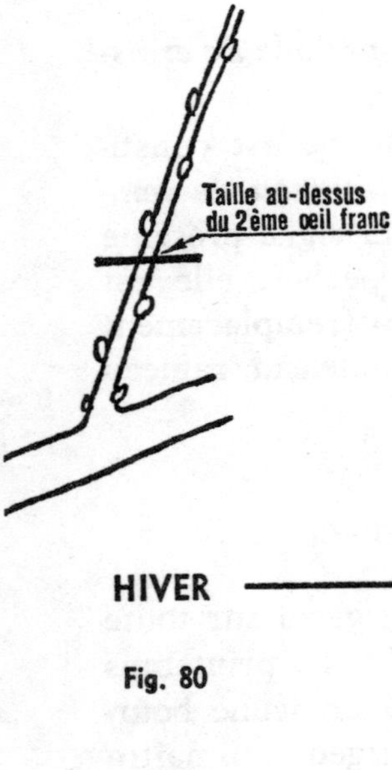


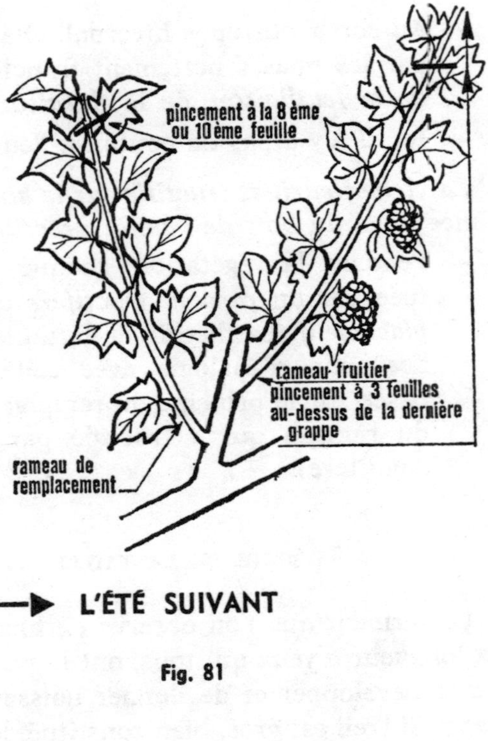


**HIVER ——————▶ L'ÉTÉ SUIVANT**

**Fig. 80** **Fig. 81**

Immédiatement à la base du sarment on trouve un ou plusieurs petits yeux duveteux. Ils portent le nom de « bourillon ». Le bourillon n'entre pas en ligne de compte dans le dénombrement des yeux pour les explications de taille qui suivent.

La taille dite d'hiver se pratique en avril. Les interventions d'été ont lieu de juin à fin juillet.

## TAILLE COURTE

**2e année**

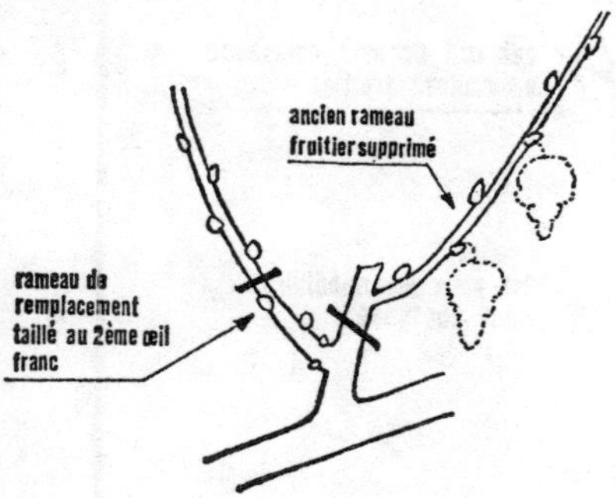


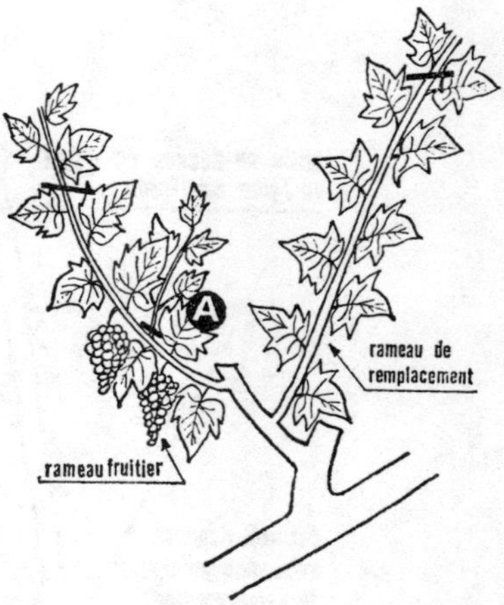


**HIVER ——→ L'ÉTÉ SUIVANT**

Fig. 82 — Fig. 83

Pendant l'été, tous les bourgeons intermédiaires qui se développent sont supprimés (A) (fig. 83).

Principales variétés sur lesquelles on applique la taille longue : Black-Alicante, Frankenthal, Perle de csaba... Pendant l'été, les rameaux atteignent une longueur telle qu'il est nécessaire de les attacher pour les maintenir dans leur position. C'est ce qu'on appelle le palissage.

## TAILLE LONGUE

1re année

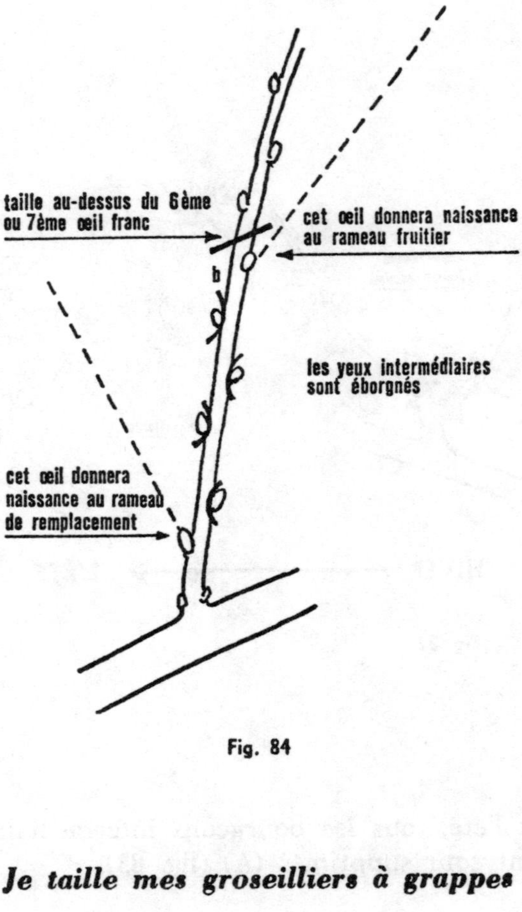


Fig. 84

### *Je taille mes groseilliers à grappes*

Le groseillier produit ses fruits sur de courtes productions que l'on rencontre sur des branches de 2, 3 ou 4 ans. La transformation des yeux à bois en boutons floraux s'effectue après la récolte des fruits et leur évolution s'achève au printemps suivant. Plus âgées, ces branches ont tendance à se dénuder et il est préférable de les supprimer à la base, au profit d'autres plus jeunes.

Nous devons appliquer à cet arbuste, en même temps, et chaque année, une taille de formation et une taille de fructification.

En effet, il est primordial de maintenir au végétal, une forme, une aération suffisante et une limite dans son développement, autant de facteurs indispensables à une fructification normale.

La taille, qui s'effectue en février-mars consiste donc à :

— Tailler les prolongements, sur un œil extérieur, aux deux tiers de leur longueur.

— Tailler les branches secondaires jeunes à 2 ou 3 yeux.

— Tailler les branches secondaires inférieures directement au-dessus des bouquets à fleurs qui sont constitués par des boutons qui se différencient des yeux à bois par leur rassemblement en bouquets denses.

— Supprimer les branches trop âgées (plus de 5 ans).

— Tailler aux deux tiers de leur longueur les branches de l'année qui se sont développées de la souche ou de la base des branches si elles trouvent leur place dans la touffe, particulièrement pour remplacer une branche âgée supprimée.

— Supprimer en les taillant à leur base ces mêmes jeunes branches lorsqu'elles sont jugées en surnombre.

## Théorie de la taille du groseillier

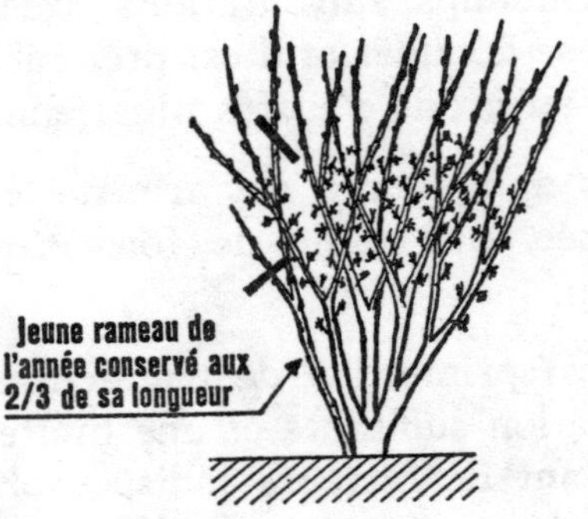


Fig. 85

Une touffe

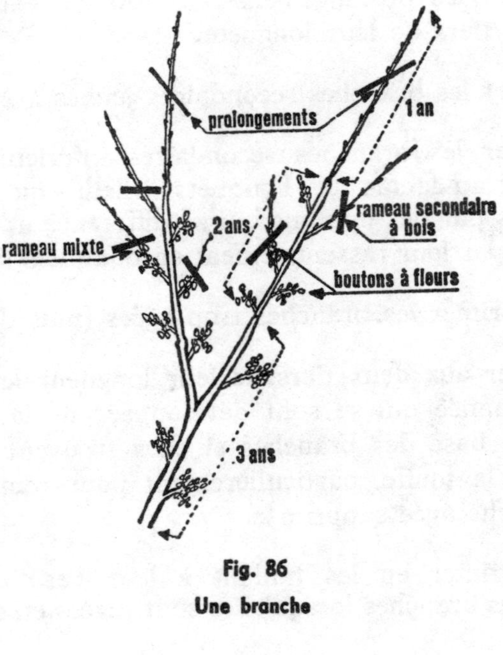


Fig. 86

Une branche

## *Je taille mes cassissiers*

Les principes de mise à fruit du cassissier sont un peu différents de ceux du groseillier. Les boutons floraux sont formés par l'évolution d'yeux à bois, mais ici ce sont les yeux situés sur la moitié inférieure de la branche de l'année et particulièrement à sa base qui se différencient.

— Le fruit apparaît sur la partie inférieure du bois d'un an issu des branches de charpente encore jeunes.

— Les pousses trop faibles qu'engendre le vieux bois sont stériles ou peu fertiles.

— Les rameaux vigoureux qui prennent naissance sur les rameaux souterrains sont particulièrement fructifères l'année qui suit leur apparition.

— Les plus beaux fruits sont obtenus sur toute la moitié inférieure des plus forts rameaux d'où la nécessité d'allonger la taille, modérément toutefois, et de prévoir régulièrement la formation de nouvelles pousses de remplacement. C'est sur le bois jeune que le cassissier fructifie. Il faut régénérer chaque année une partie de la charpente de la touffe. Les branches les plus âgées ne doivent pas avoir plus de 5 ans. C'est une touffe à charpente renouvelable.

La taille se pratique en février-mars. Elle consiste à :

— Supprimer le bois mort s'il y en a et une ou deux branches charpentières âgées en choisissant les plus centrales (pour aérer la touffe) et les plus vieilles.

— Supprimer les rameaux jugés inutiles ou en surnombres.

— Tailler les prolongements aux deux tiers de leur longueur.

— Tailler sur chaque branche de charpente les porteurs de boutons floraux en leur conservant 0,15 à 0,20 mètre de longueur.

— Conserver 1 ou 2 jeunes rejets en remplacement des vieilles branches supprimées, et les tailler aux deux tiers de leur longueur.

## Théorie de la taille du cassissier.

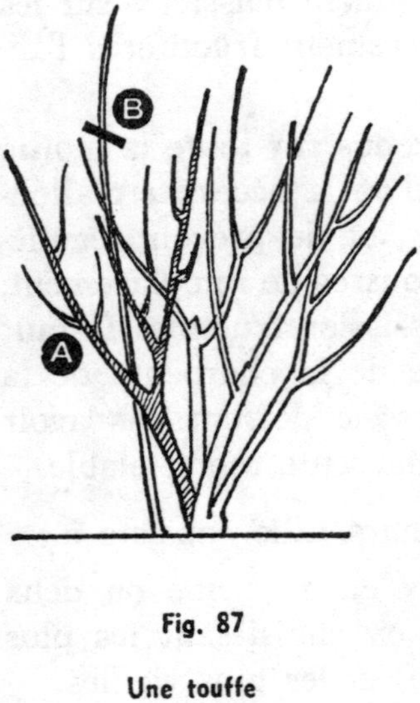


Fig. 87

Une touffe

Vieille branche de charpente supprimée (A), remplacée par une jeune pousse née sur la souche, taillée aux 2/3 de sa longueur (B).

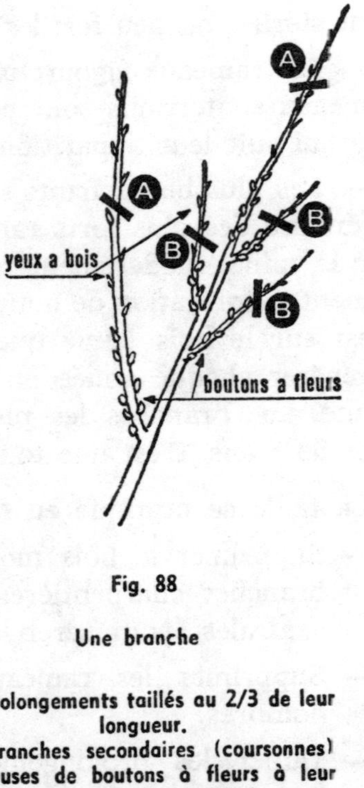


Fig. 88

Une branche

A. Prolongements taillés au 2/3 de leur longueur.

B. Branches secondaires (coursonnes) porteuses de boutons à fleurs à leur base, taillées à 15/20 cm de longueur.

## *Je taille mes framboisiers*

Le framboisier est un arbuste à tiges souterraines vivaces qui émettent tous les ans des rameaux aériens dont la durée de vie n'est que de deux ans.

**Un jeune sujet**

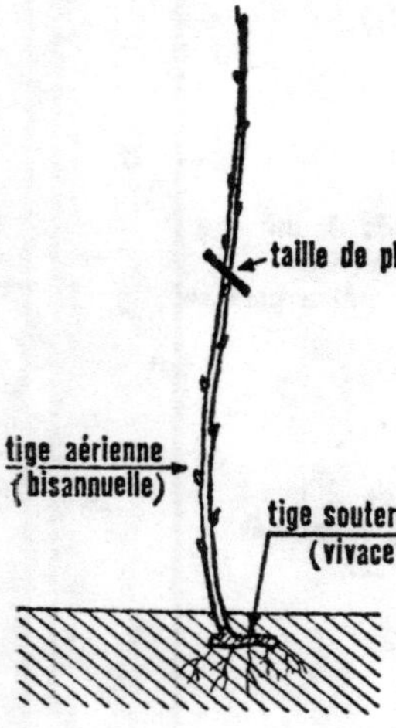


Fig. 89

L'année de sa plantation

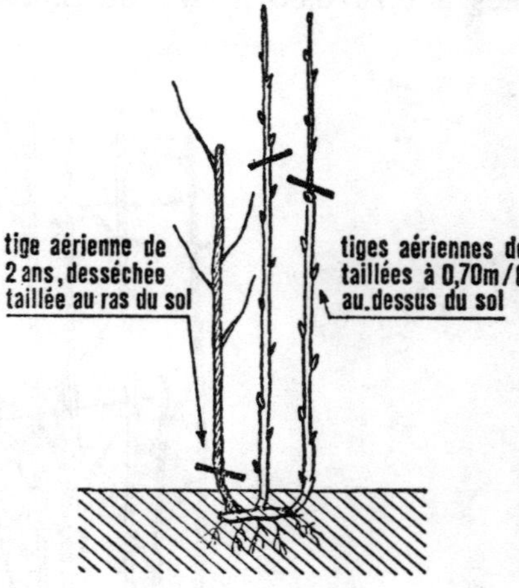


Fig. 90

L'année suivante

Ces rameaux aériens se développent pendant la première année ; ils fleurissent, fructifient la seconde année.

Chez certaines variétés ces rameaux aériens produisent à l'automne des fleurs et des fruits à leur extrémité ce qui ne les empêche pas de fructifier normalement la seconde année. Ils fructifient donc deux fois. Ces variétés sont bifères ; elles sont dites vulgairement et à tort remontantes.

A son origine, un framboisier est constitué par une simple tige aérienne d'un an implantée sur une portion de tige souterraine. Lorsqu'on plante ce jeune sujet on le taille, s'il est fort et vigoureux à environ 0,60/0,70 mètre de hauteur ; s'il est faible on ne le taille pas (fig. 89).

L'année suivante, la souche a donné naissance à une ou deux pousses jeunes. En mars, l'ancienne tige aérienne qui est sèche est supprimée, la ou les nouvelles tiges sont taillées à 0,70/0,80 mètre de hauteur (fig. 90).

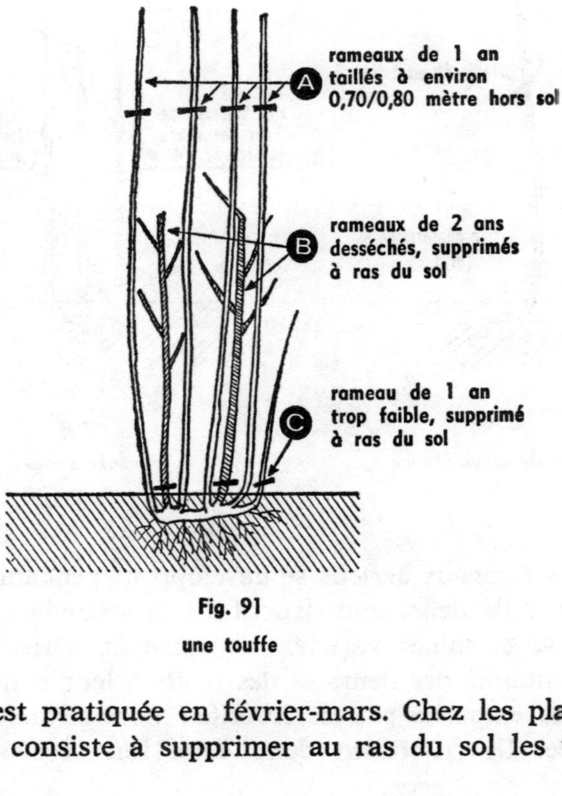


Fig. 91

une touffe

La taille est pratiquée en février-mars. Chez les plantes adultes, elle consiste à supprimer au ras du sol les tiges de deux ans qui ont fructifié et sont desséchées et à tailler à 0,70/0,80 mètre au-dessus du sol les pousses d'un an qui fructifieront au début de l'été, même s'il s'agit d'une variété bifère qui a déjà fructifié à l'automne. Les pousses trop faibles, inaptes à la fructification sont supprimées au niveau du sol (fig. 91).

Une excellente méthode de culture consiste à tendre un fil de fer de chaque côté du rang de framboisiers ; ces deux fils de fer espacés de 0,60 m sont maintenus à 0,45/0,50 mètre au-dessus du sol. Une fois taillées, les branches d'un an sont réparties à gauche et à droite de la touffe et attachées sur chacun des fils de fer. Les pousses de l'année se

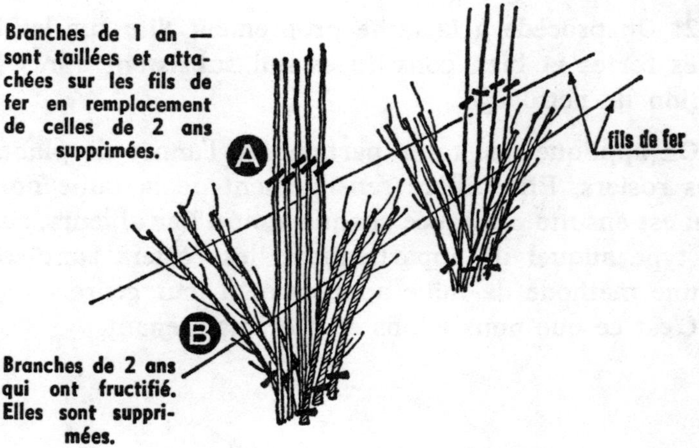


Fig. 92

Taille dite hollandaise

développeront librement au centre. L'année suivante, les branches sèches qui ont fructifié seront supprimées et les jeunes branches, taillées et attachées à leur tour. C'est la taille dite « hollandaise » (fig. 92).

# LES ROSIERS

Pourquoi faut-il tailler les rosiers ?

D'abord parce qu'ils est souvent nécessaire de contrôler et de limiter leur développement, ensuite pour régulariser la floraison.

Quelle que soit la nature et la forme du rosier, la taille s'effectue en deux temps :

1° On supprime les rameaux ou partie de rameaux morts, défectueux ou trop grêles.

2° On procède à la taille proprement dite sur les branches fortes et bien constituées qui subsistent après l'opération de nettoyage.

On applique une taille particulière l'année de plantation des rosiers. Elle diffère sensiblement de la taille normale qui est ensuite pratiquée chaque année. Par ailleurs, suivant le type auquel ils appartiennent, les rosiers sont soumis à une méthode de taille appropriée à leur genre.

C'est ce que nous allons étudier maintenant.

## *Je taille mes rosiers*

### Rosiers buissons.

On entend par rosiers buissons les rosiers qui se ramifient au niveau du sol et constituent des touffes ou buissons plus ou moins élevés suivant les variétés.

Dans ce groupe, qui est composé par un très grand nombre de variétés on rencontre des types variés d'origines diverses qui se différencient par la forme et la répartition des fleurs ainsi que par le mode végétatif de la plante. Nous ne décrivons pas ici en détail les divers types de rosiers, avec recherche des origines et de l'évolution de chacun. Nous nous bornerons à présenter sous le même chapeau les groupes qui présentent suffisamment de ressemblance pour que le même principe de taille leur soit appliqué.

**Rosiers buissons à grandes fleurs.**

Les variétés que l'on rencontre dans ce type de rosier produisent des fleurs grandes, très pleines et qui, au moins lors de la première floraison de l'année, sont solitaires sur chaque tige. Elles sont quelquefois réunies en bouquets de 3 ou 4 fleurs lors des floraisons de fin d'été et d'automne. Ces variétés sont particulièrement appréciées pour la beauté de la fleur et son parfum.

*Quand on plante un rosier il faut le tailler.*

L'habillage des racines, c'est-à-dire suppression des éléments meurtris, ainsi que la coupe nette de l'extrémité de chaque racine est une opération qui fait partie de la technique de la plantation.

La partie aérienne a généralement été déjà amputée par le pépiniériste.

Vous devez à nouveau intervenir à l'aide de votre sécateur.

*Taille de plantation. (Deux cas.)*

ROSIER BUISSON

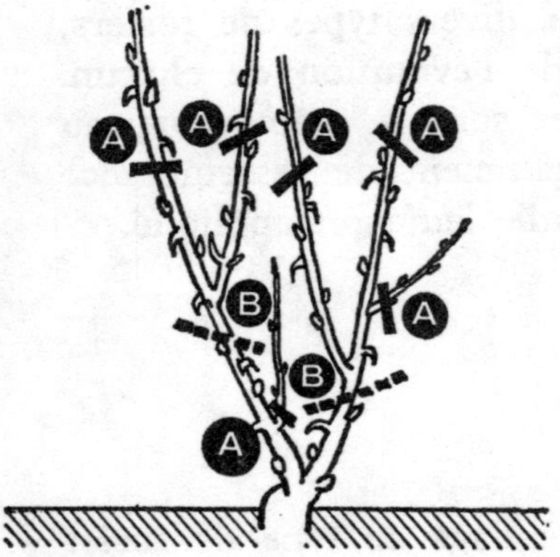


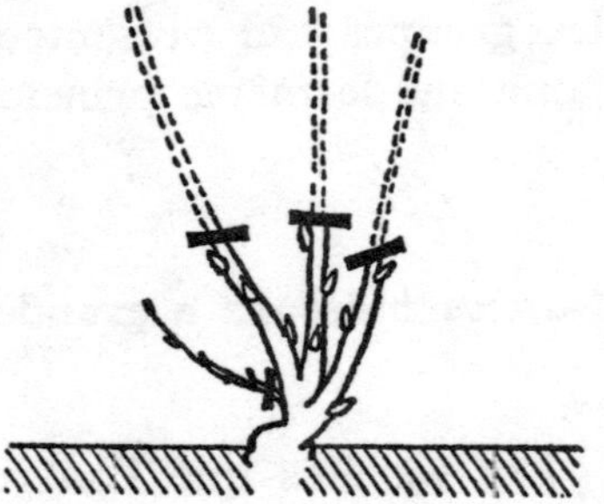

Taille de plantation

Fig. 93

Plantation d'automne

Lors de la plantation : coupe des branches normales à 25/30 cm de longueur, et suppression des branches faibles (A). En mars, vous taillerez à nouveau en conservant seulement 3 ou 4 yeux sur chaque branche (B).

Fig. 94

Plantation de printemps

A la plantation : Coupe des branches au-dessus du 3ᵉ ou 4ᵉ œil. Suppression des brindilles faibles.

*Taille d'entretien.*

Par la suite, chaque année, vous devrez prévoir deux interventions principales :

1° En novembre ou décembre, lorsque la floraison est terminée et l'arbuste en partie défeuillé, coupez les extrémités des branches ce qui aura pour objet de régulariser la hauteur des rosiers dans les plates-bandes. Leur aspect est ainsi plus esthétique pendant l'hiver.

2° Vers le 15/20 mars, vous procédez à la taille proprement dite.

Supprimez les branches mortes s'il y en a, les branches

ROSIER BUISSON A GRANDES FLEURS

Taille annuelle de printemps

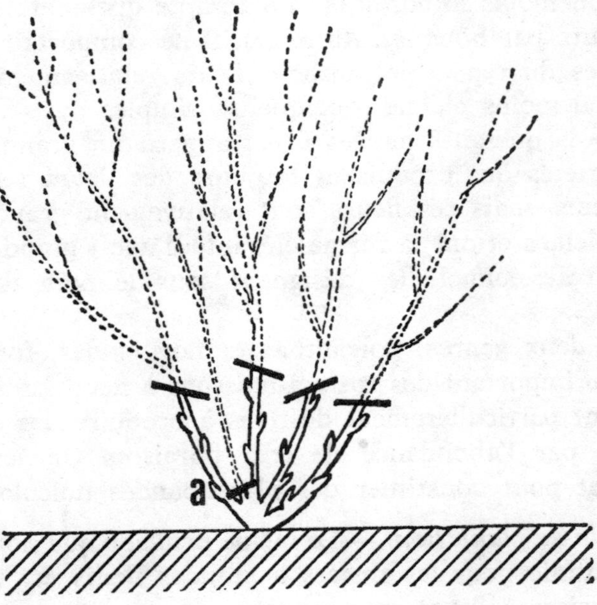


Fig. 95

trop âgées au profit de plus jeunes, les chicots desséchés qui subsistent quelquefois, les branches faibles qui partent du pied de l'arbuste (a, fig. 95). Taillez à 3 ou 4 yeux les branches fortes conservées. Taillez toujours de préférence sur un œil extérieur. Suivant sa vigueur, vous conserverez sur un rosier 3 à 5 branches (fig. 95).

Vous pouvez tailler un peu plus long c'est-à-dire au-dessus du 6e œil au lieu du 3e ou 4e. Vous aurez plus de fleurs, mais elles seront moins grosses. La floraison sera aussi un peu plus tardive.

**Rosiers buissons à fleurs en bouquets.**

Ce genre de rosier produit des fleurs réunies en bouquets plus ou moins importants ; on compte quelquefois jusqu'à 30 fleurs par bouquet. Autrefois, il ne comportait que des variétés du type « polyantha », fleurs relativement petites, plus ou moins pleines, quelquefois simples.

Depuis quelques années il est apparu un grand nombre de variétés qui produisent toujours des fleurs réunies en bouquets, mais ces fleurs sont relativement grandes, sont très pleines et ont la forme élégante d'une « grande fleur ». Les professionnels les désignent sous le nom de « floribunda ».

Ces deux genres, polyanthas et floribundas, forment le groupe important des rosiers buissons à fleurs en bouquet. Ils sont particulièrement destinés à produire des effets de masse par l'abondance de leur floraison. On les utilise souvent pour constituer des plates-bandes unicolores.

*Taille de plantation.* — Le même principe que nous avons déjà étudié pour les rosiers à grandes fleurs est appliqué aux rosiers à fleurs en bouquets.

*Taille d'entretien.* — Mêmes périodes d'interventions et même mode opératoire que pour les rosiers à grandes fleurs, mais lors de la taille de mars-avril, on conserve les rameaux plus longs. On taille en moyenne à 5 ou 6 yeux. Comme chez les rosiers du groupe précédent on supprime les branches trop âgées au profit des plus jeunes. Conservez sur un rosier 4 à 5 branches.

**Rosiers dits « Arbustes ».**

Il s'agit là de variétés qui possèdent un potentiel végétatif beaucoup plus important que celles des autres groupes déjà étudiés. S'ils sont taillés court ils fleurissent peu. Or ils sont destinés à produire dans le décor du jardin des masses importantes tant par le volume que par les fleurs.

Lorsqu'ils vous sont livrés, ces rosiers ont le même aspect que les autres rosiers buissons. La taille de plantation s'effectue donc de la même façon que nous l'avons vu précédemment.

La deuxième année, les deux ou trois branches que le rosier a produites sont taillées aux deux tiers de leur longueur. Les années suivantes on se contente d'une sorte d'élagage :

— Enlèvement du bois mort.
— Suppression des branches trop âgées.
— Aération de la touffe.
— Régularisation du sujet.
— Les branches jeunes (branches de l'année) qui partent de la base sont supprimées si elles sont en surnombre. Elles sont taillées aux deux tiers de leur longueur si on les conserve.

**Rosiers « Miniatures ».**

Ce genre de rosier se place dans la décoration du jardin, en petites corbeilles, en bordure, en petits groupes dans les jardins de rocaille. On les plante aussi couramment en jardinière.

*Taille de plantation.* — Même principe que précédemment.

*Taille d'entretien.* — Suppression du bois mort, coupe des branches fortes à 4 ou 5 yeux. Ce petit arbuste présente souvent de nombreuses brindilles ; on peut les conserver.

## Rosiers tiges.

Cet arbuste est obtenu par le greffage d'une variété de rosier buisson à grandes fleurs ou à fleurs en bouquets sur une tige d'églantier élevée à cet effet. L'arbuste ainsi

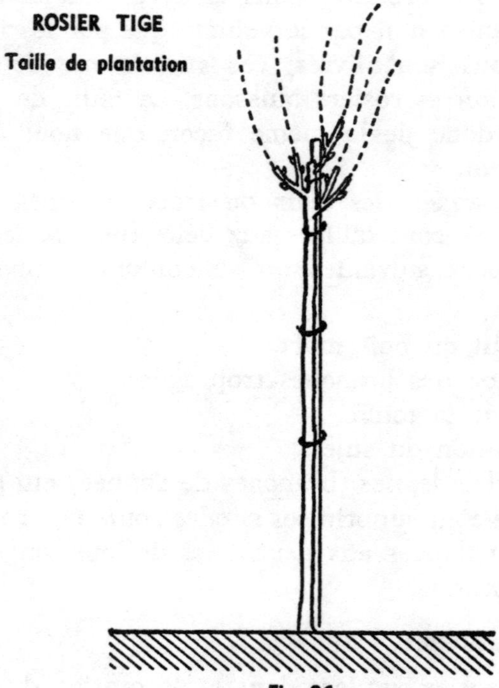


Fig. 96
Taille à effectuer sur rosier tige lors des plantations de printemps et en mars sur ceux plantés à l'automne

obtenu est donc concrétisé par un buisson élevé sur une tige à 1,10/1,20 mètre hors sol.

*Taille de plantation.* — Le rosier tige vous est livré porteur de greffes de 1 an. Deux, trois et quelquefois quatre écussons ont été posés sur l'églantier.

Si la plantation est effectuée à l'automne, vous coupez les branches à 25 ou 30 cm de longueur puis en mars vous les taillerez à nouveau sur 1 ou 2 yeux.

Si vous plantez au printemps, c'est-à-dire à partir de fin février, taillez tout de suite toutes les branches à 1 ou 2 yeux (fig. 96).

ROSIER TIGE

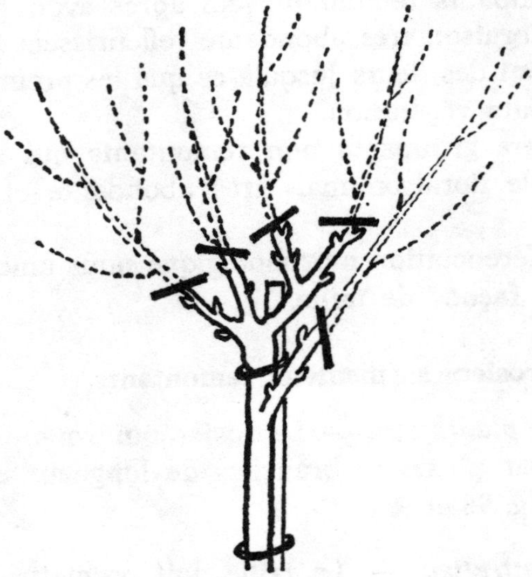

Fig. 97
Taille annuelle de printemps

*Taille d'entretien.* — Le principe est le même que pour la taille des rosiers buissons :

— Suppression des bois morts.

— Supprimez les branches en surnombre.

— Supprimez les branches faibles.

— Taillez les branches normalement constituées à 2 ou 3 yeux, s'il s'agit d'une variété à grandes fleurs et à 4 ou 5 yeux, s'il s'agit d'une variété à fleurs en bouquets (fig. 97).

## Rosiers sarmenteux.

Les rosiers sarmenteux produisent des branches plus ou moins longues, plus ou moins souples. On les palisse pour garnir murs, treillages, pergolas, pylônes, etc.

Dans cette série des rosiers sarmenteux dits grimpants, il existe deux types assez différents l'un de l'autre : les rosiers grimpants remontants qui après avoir produit une première floraison très abondante refleurissent en fin d'été et produisent des fleurs jusqu'à ce que les premières gelées arrêtent toute végétation.

Les rosiers grimpants non remontants qui ne donnent qu'une seule floraison mais très abondante et de longue durée.

Cette différenciation morphologique nous amène à considérer deux façons de taille.

### Taille des rosiers sarmenteux remontants.

*Taille de plantation.* — Le rosier qui vous est livré est constitué par plusieurs branches de longueur et de force variables (fig. 98 et 99).

*Taille d'entretien.* — La taille doit permettre :

- d'assurer aussi complètement que possible la garniture du motif à couvrir ;
- d'éviter un encombrement excessif de branches et de bois mort ;
- d'obtenir une floraison abondante et prolongée.

Pour cela il faut :

- Supprimer les branches trop âgées (plus de 4 ou 5 ans) qui ont tendance à se dénuder et produisent peu de fleurs.

## ROSIER SARMENTEUX

**Taille de plantation**
(automne ou printemps)

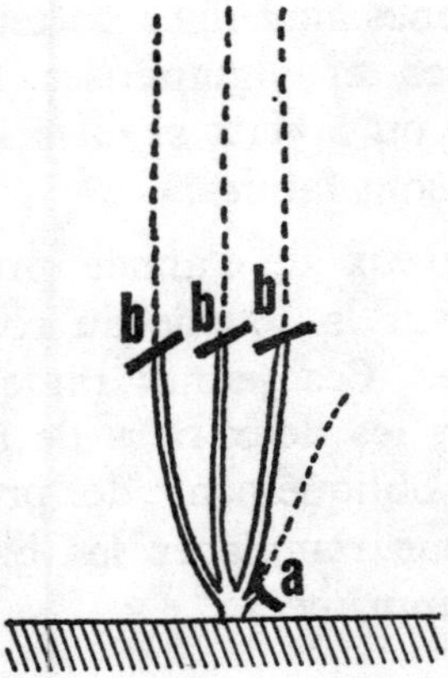


**Fig. 98**

**Supprimez les branches faibles (a). Taillez les branches fortes à 0,50 ou 0,60 m au-dessus du sol (b).**

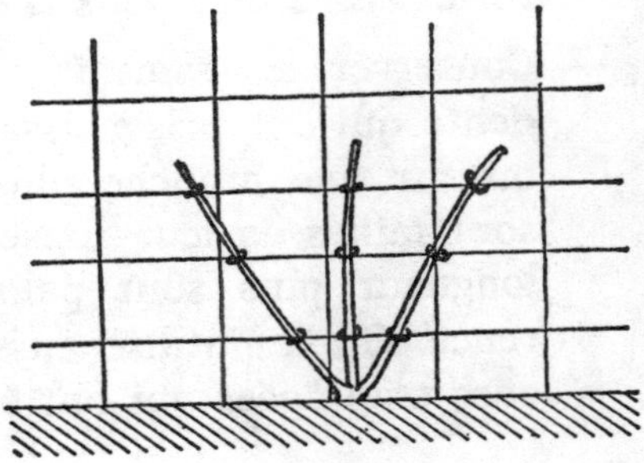

**Fig. 99**

**Les branches conservées sont attachées séparément sur leur support.**

## ROSIER SARMENTEUX REMONTANT

**Taille annuelle de printemps**

**Fig. 100**
**Avant la taille**

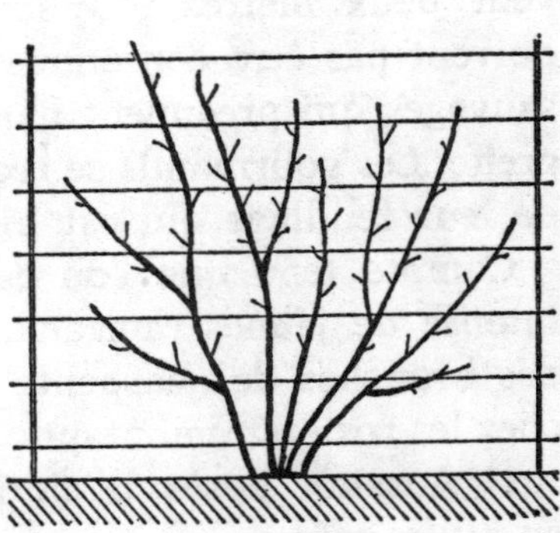

**Fig. 101**
**Après la taille**

— Conserver les meilleures branches anciennes porteuses de jeunes ramifications saines et vigoureuses. Ces ramifications sont taillées à 4 ou 5 yeux si elles sont fortes et à 2 ou 3 yeux si elles sont faibles.

— Conserver les rameaux vigoureux de l'année précédente qui ont pris naissance sur la souche du rosier ou sur une branche plus âgée. Ces jeunes rameaux sont taillés en leur conservant les deux tiers de leur longueur puis sont palissés obliquement de préférence. On les utilise aussi pour remplacer les branches trop âgées qui ont été supprimées.

**Taille des rosiers sarmenteux non remontants.**

*Taille de plantation.* — Même technique que pour les rosiers sarmenteux remontants.

*Taille d'entretien.* — Ces rosiers émettent des pousses vigoureuses qui jaillissent de la souche et atteignent souvent deux mètres et plus de longueur. Ces pousses ne doivent pas être confondues avec les « gourmands », rejets sauvages qui preennent naissance sur les racines du porte-greffe. Les gourmands se reconnaissent facilement à l'aspect de leur feuillage qui est bien différent de celui du rosier.

Compte tenu que l'on est ici en face d'une production intense de jeunes rameaux, on procède au renouvellement des branches de charpente à une cadence plus rapide que chez les rosiers remontants.

1° Aussitôt après la floraison, c'est-à-dire généralement en juillet-août.

— On supprime les branches âgées de plus de 2 ans qui ont porté des fleurs.

— Sur les pousses d'un an, qui ont produit des fleurs, on supprime toutes les inflorescences fanées.

— On supprime les jeunes pousses de l'année qui sont en surnombre en conservant la quantité de branches nécessaires pour garnir le motif sur lequel le rosier est appuyé. Cette suppression intéresse de préférence les branches les plus faibles.

Ces diverses opérations ont pour résultat de favoriser le développement et l'allongement des jeunes pousses conservées.

2° *Fin mars :*

— On taille à 2 ou 3 yeux les ramifications qui se trouvent sur les branches conservées au cours de la taille de juillet, qui ont maintenant deux ans.

— On supprime l'extrémité des rameaux de l'année (environ le quart ou le cinquième de la branche).

— On palisse toutes les branches conservées sur le support que doit couvrir le rosier.

## Rosiers pleureurs.

Les rosiers pleureurs qui sont utilisés, isolés sur pelouse ou dans un massif sont constitués par une variété de rosier sarmenteux, remontant ou non remontant, greffée sur une tige d'églantier à 1,75 ou 2 m de hauteur.

La taille est donc pratiquée comme nous venons de l'exposer en tenant compte de la nature remontante ou non de la variété cultivée. A signaler que ces rosiers sont souvent soutenus par une armature métallique en forme de parapluie qui permet le palissage des branches et facilite leur répartition régulière.

*Cueillette des roses.* — Couramment vous coupez des roses pour les mettre en vase dans votre appartement. La fleur est portée par une jeune branche de l'année. Lorsque vous prélevez une fleur ne supprimez pas complètement

COMMENT COUPER UNE ROSE

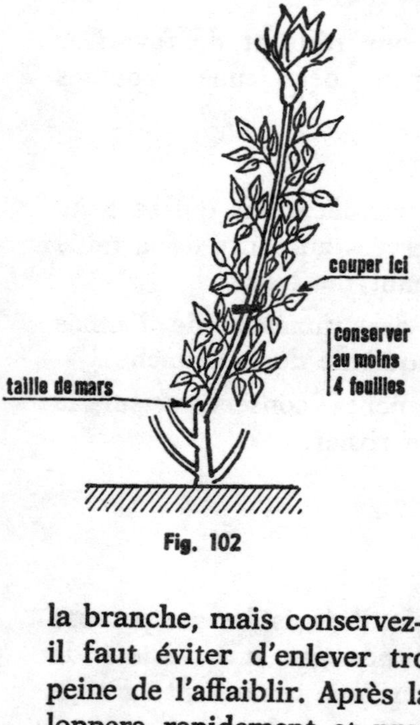


Fig. 102

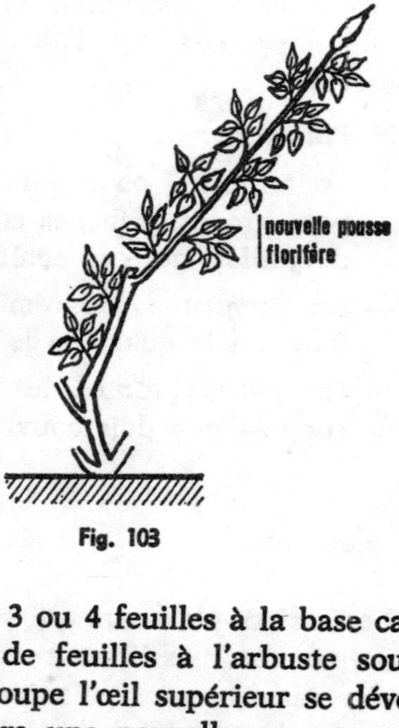


Fig. 103

la branche, mais conservez-lui 3 ou 4 feuilles à la base car il faut éviter d'enlever trop de feuilles à l'arbuste sous peine de l'affaiblir. Après la coupe l'œil supérieur se développera rapidement et produira une nouvelle pousse qui, à son tour portera des fleurs (fig. 102 et 103).

*Les drageons.* — Il arrive couramment, surtout au cours des premières années qui suivent la plantation que l'on constate la formation de drageons. Ce sont des pousses qui naissent sur les racines et prennent rapidement une grande vigueur. Ces drageons sont le produit du porte-greffe ou sauvageon sur lequel le rosier a été greffé et ils se développent au détriment de celui-ci ; il faut les supprimer impitoyablement. Il faut particulièrement surveiller

COMMENT RECONNAITRE ET SUPPRIMER UN DRAGEON

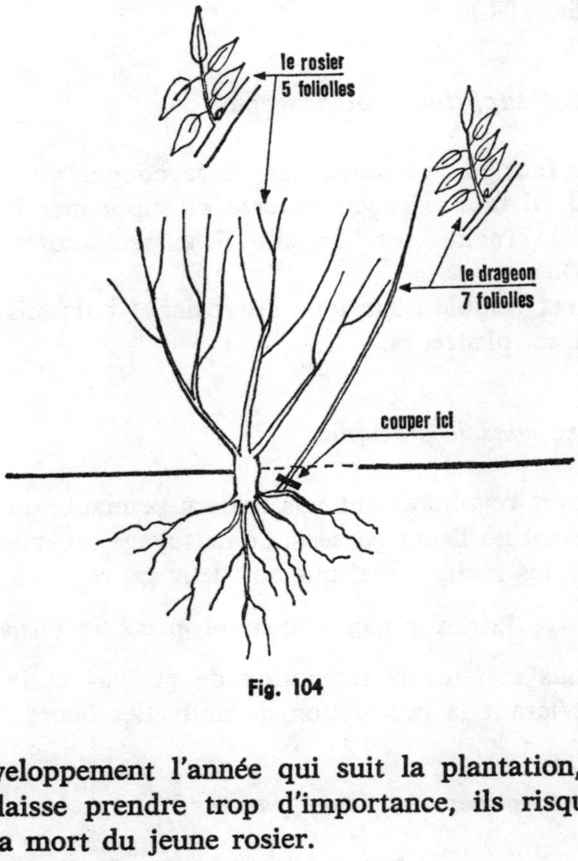


Fig. 104

leur développement l'année qui suit la plantation, car si on les laisse prendre trop d'importance, ils risquent de causer la mort du jeune rosier.

*Comment reconnaître un drageon ?*

Le feuillage de ce dernier est toujours très différent de celui de l'ensemble du rosier.

Les feuilles du rosier sont généralement composées de cinq folioles. Les feuilles du drageon en ont sept.

Le drageon prend naissance au-dessous de la greffe, vers la naissance des racines.

Le bois du drageon est plus grêle que celui du rosier. (Voir fig. 104.)

*Comment supprimer un drageon ?*

Il ne faut pas se contenter de le couper au niveau du sol mais il faut dégager la terre et supprimer l'intrus au ras de la racine sur laquelle il a pris naissance (voir fig. 104).

Ceci est valable pour tous les rosiers : buissons, sarmenteux, tiges, pleureurs.

*Un autre conseil pratique.*

Nettoyer régulièrement vos rosiers pendant tout l'été en supprimant les fleurs passées. Ce nettoyage est recommandé sur tous les rosiers quel que soit leur genre.

1° Votre jardin y gagnera en propreté et élégance.

2° Vous éviterez la formation de graines et favoriserez en l'accélérant la production de nouvelles fleurs.

*Comment couper les fleurs passées ?*

Directement sur la première feuille fertile, que vous rencontrez au-dessous de l'inflorescence, c'est-à-dire celle qui est munie d'un œil à la base du pétiole (fig. 105 et 106).

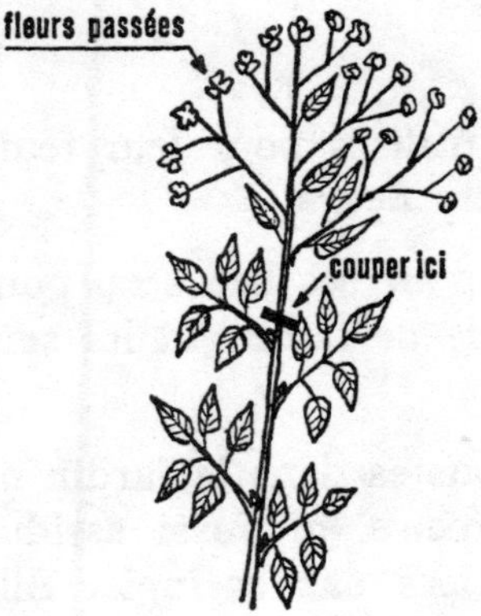


Fig. 105

Sur rosiers polyanthas

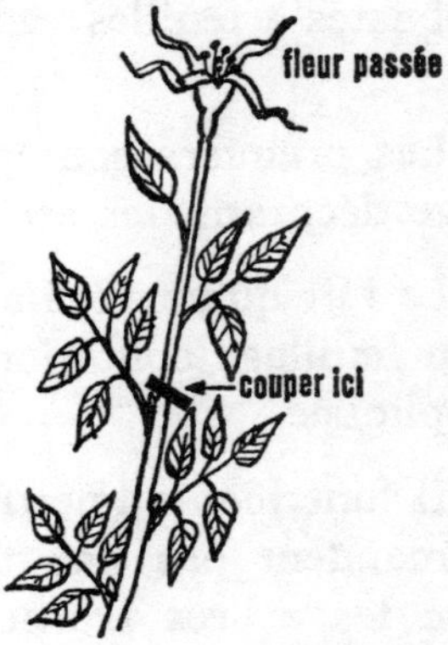


Fig. 106

Sur rosier à grandes fleurs

## LES ARBRISSEAUX ET ARBUSTES D'ORNEMENT

Dans ce groupe se trouvent rassemblés les végétaux qui, ramifiés dès la base, se présentent sous forme d'une touffe plus ou moins élevée. Suivant les espèces et les variétés, ils peuvent atteindre une hauteur de 0,30 à 4 m environ.

Au point de vue de leur emploi dans les jardins on considère dans ce groupe deux types d'arbustes différents :

1° Ceux qui conservent leurs feuilles toute l'année, été comme hiver et sont dits arbustes à feuilles persistantes.

2° Ceux qui perdent leurs feuilles en hiver et sont dits arbustes à feuilles caduques.

Les premiers sont généralement utilisés pour leur feuillage décoratif, les seconds pour leurs fleurs.

Le fait qu'un végétal soit cultivé pour ses fleurs ou pour son feuillage conditionne la méthode de taille qui lui sera appliquée.

Il faut bien admettre que les arbustes dans le jardin ne demandent pas une taille aussi précise, ni aussi assidue que les arbres fruitiers et les rosiers par exemple. Elle aura plus particulièrement pour objet de maintenir chaque sujet dans les limites de développement qui lui sont imparties par la place qu'il occupe dans l'ensemble décoratif du jardin. La taille permettra aussi de freiner lorsqu'il est encore jeune l'allongement en hauteur de l'arbuste en favorisant le développement des branches latérales. Résultat : on favorise l'épaississement de la touffe et on évite le dégarnissage de la base.

Cependant lorsque l'on intervient sur des arbustes à fleurs on peut commettre de très graves erreurs qui ont quelquefois pour résultat de supprimer complètement la floraison ou de la réduire à un état absolument squelettique.

Nous allons, si vous le voulez bien, parcourir notre jardin et nous arrêter aux principaux arbustes qui forment sa parure. Nous commencerons par les arbustes « qui ne fleurissent pas ou dont la fleur n'est pas l'élément décoratif principal » puis nous parlerons des « arbustes qui fleurissent ».

## Les arbrisseaux et arbustes d'ornement qui ne fleurissent pas ou dont les fleurs ne sont pas l'élément décoratif principal.

Quelques-uns parmi ces végétaux sont parfois utilisés pour la constitution de haies taillées. Dans ce cas ils sont traités comme nous l'indiquons plus loin dans le chapitre réservé à cette forme d'arbuste, en même temps que nous en donnons la liste des principaux.

D'autres sont uniquement utilisés dans les massifs ou en isolés en végétation semi-libre, car il est quelquefois nécessaire de limiter leur développement aux dimensions du jardin. Ils sont taillés en hiver, avant d'effectuer les travaux du sol. Toutefois, la taille ne doit pas nécessairement leur être appliquée chaque année. La fréquence des interventions est commandée par l'équilibre général du jardin.

*La taille consiste à :*

— Supprimer le bois mort.
— Aérer la touffe s'il y a excès d'encombrement.
— Raccourcir les branches si l'arbuste a atteint son développement optima.

Cette dernière opération est très importante. De la façon dont elle est effectuée dépend l'allure de l'arbuste et du massif en général. Si l'on est obligé de comprimer le volume du végétal, il faut s'efforcer de lui conserver sa forme naturelle.

*Pour cela, il ne faut pas :*

Rabattre systématiquement tous les prolongements et toutes les branches trop développées ce qui fait que l'on obtient ceci (fig. 107). C'est-à-dire un arbuste qui a l'air d'avoir été tondu.

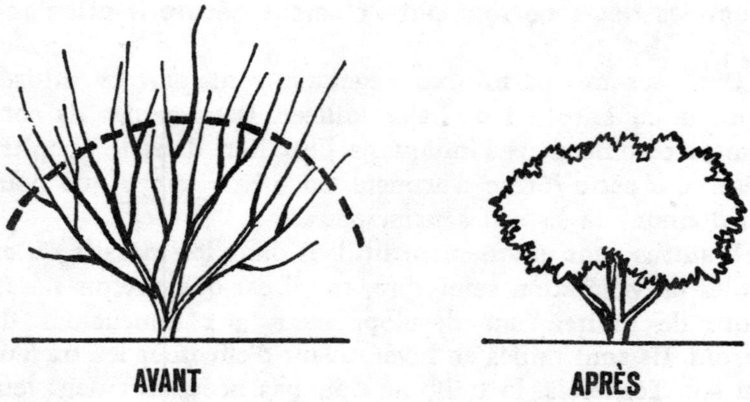


**Fig. 107**

**Ce qu'il ne faut pas faire**

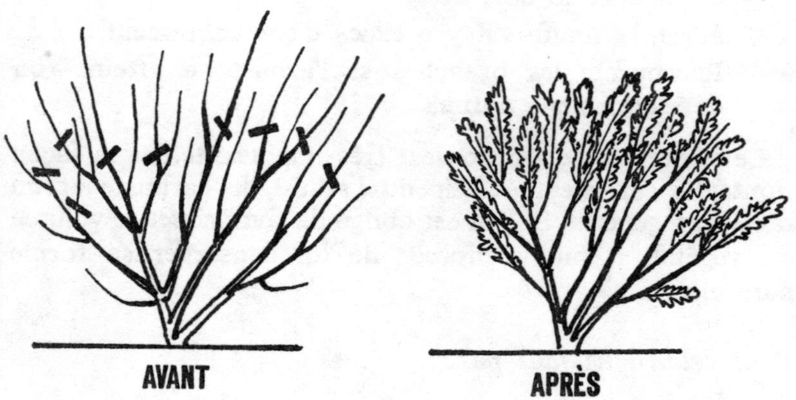


**Fig. 108**

**Ce qu'il faut faire**

Il faut :

— Couper au sécateur, dans l'intérieur de la touffe, les branches qui ont acquis trop de développement.

— Conserver entières les pousses moins développées de manière qu'une fois taillé, le végétal ne présente pas un aspect déséquilibré (fig. 108).

*-Liste des principaux arbrisseaux intéressés par ce genre de taille*

Abelia
Aucuba
Berberis variés
Buis
Buissons ardents
Cornouillers :
  Alba var. élégantissima
  Alba var. gouchaultii
  Sanguinea
  Stolonifera
  etc.
Cotoneaster
Eleagnus
Filaria
Fusain
Houx
Laurier sauce
Laurier cerise
Lonicera nitida
Mahonia
Noisetier pourpre
Osmanthus
Pittosporum
Stranvaesia
Troènes variés
etc.

## Les arbrisseaux et arbustes d'ornement dont la fleur ou le fruit est l'élément décoratif.

Certains de ces arbustes fleurissent en été ou même à l'automne, d'autres fleurissent dès le début du printemps. Ces deux périodes de floraison sont dues à des caractères morphologiques dont le jardinier doit tenir compte pour la taille à appliquer et particulièrement pour le choix de l'époque à laquelle elle doit être pratiquée.

1° *Arbustes à floraison estivale ou automnale.*

Leurs fleurs apparaissent sur des branches en cours de développement.

C'est le genre d'arbuste qu'il faut, comme pour le précédent, *tailler dans le courant de l'hiver,* pendant le repos végétatif.

*Liste des espèces et variétés soumises à cette méthode de taille*

| | |
|---|---|
| Abelia | Genets variés |
| Acacia rose | Halesia |
| Althea | Hydrangea |
| Aubépine | Kerria |
| Berberis | Kolkwitzia |
| Buddleia | Laurier Rose |
| Callicarpa Giraldiana | Laurier Tin |
| Caryopteris | Mahonia |
| Ceanothes | Osmanthus Delavayi |
| Choisya Ternata | Seringa |
| Cognassier du Japon | Spirea variées |
| Calycanthus Floridus | Symphorines |
| Cotoneaster | Tamarix Estival |
| Cytises | Weigelia |
| Deutzia | |
| Fusain d'Europe | etc. |

La taille consiste en un élagage dont le but est de maintenir l'équilibre de chacun et d'aérer, si besoin est, le centre de la touffe. La suppression des branches trop âgées, qui sont peu florifères, s'impose. Elles sont remplacées par des branches plus jeunes et plus fertiles. Il faut être bien persuadé qu'un arbuste dont la ramure est très serrée, manque d'air et de lumière et que cette situation est absolument contraire à une floraison abondante. Les branches d'extrémités (prolongements) sont conservées aux deux tiers de leur longueur jusqu'à ce que l'arbuste ait atteint son complet développement. Par la suite elles sont supprimées en totalité chaque année.

2° *Arbustes à floraison printanière.*

Ces arbustes produisent leurs fleurs sur le bois de l'année précédente. *En conséquence il faut les tailler lorsqu'ils sont défleuris.*

En effet, les boutons à fleurs étant constitués sur le bois de l'année précédente, il est bien évident que si on les taillait en hiver on supprimerait une grande partie de ceux-ci ; la floraison serait donc très sérieusement amoindrie.

La taille consiste d'une manière générale :

— à supprimer les branches en surnombre,
— à raccourcir les branches trop longues,
— à donner à l'arbuste un équilibre et une forme convenables.

*Liste des espèces et variétés soumises à cette méthode de taille*

Calycanthus Praecox
Cornus Mas
Forsythia
Groseillier à fleurs
Lilas
Tamarix Parviflora
Weigelia Praecox
Wiburnum Tomentosum Plicatum
Wiburnum Opulus (Boule de Neige)
Wiburnum Fragrans
Wiburnum Carlesii
Wiburnum Carlcephalum

## Cas particuliers.

### *Comment je taille mes lilas*

Le lilas, un des arbustes les plus populaires et les plus répandus semble fort bien se comporter d'un abandon presque total. Cela est vrai en effet. Mais s'il n'est rien de

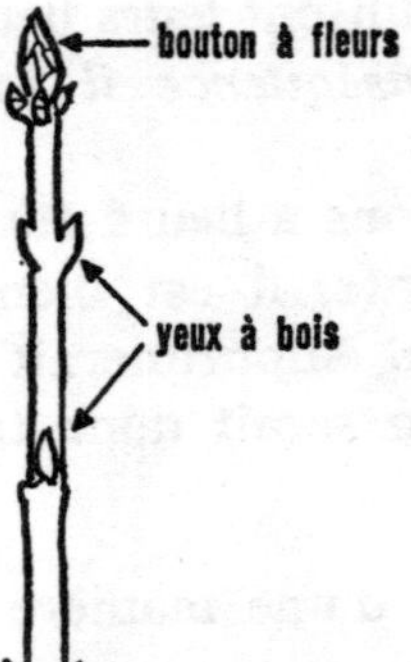


Fig. 109

plus joli qu'une haie de lilas en fleurs il faut reconnaître qu'il est parfois bien difficile de prélever sur cet arbuste les fleurs que vous désirez sans le mutiler d'une manière exagérée.

Deux méthodes de culture peuvent être adoptées pour le lilas suivant que l'on désire jouir de sa floraison sur pieds, ou pouvoir couper de longues branches fleuries pour la décoration des intérieurs.

Le lilas produit ses fleurs à l'extrémité des branches d'un an lors de l'éclosion des boutons gros, fortement gonflés, qui se trouvent à l'extrémité de ces rameaux et se différencient très facilement des yeux ordinaires. Ces derniers sont plus petits et ne donnent naissance qu'à de simples rameaux à bois (fig. 109).

L'année de plantation on supprime l'extrémité des branches pour éviter la floraison qui serait sans intérêt (les

SUPPRESSION DES THYRSES DÉFLEURIS

Fig. 110

fleurs restant rabougries) et qui aurait pour effet de fatiguer anormalement le jeune arbuste. La reprise du lilas est en effet relativement lente et quelquefois difficile.

On doit tenir compte du but recherché :

a) *Décoration du jardin.*

Vous pouvez obtenir un arbuste à la frondaison dense, produisant de nombreuses fleurs sur de courtes branches. Cet arbuste sera précieux pour l'ornementation du jardin, pendant toute la durée de sa floraison.

La taille à lui appliquer, dès la fin de la floraison, est la suivante :

— Aération de l'arbuste par suppression de branches en surnombre.

— Rajeunissement de la ramure par ravalement de certaines branches âgées qui donneront naissance à de jeunes pousses de remplacement.

— Suppression des fleurs passées en coupant au-dessus de une ou deux jeunes pousses inférieures (fig. 110).

— Taille à mi-bois des longues branches d'un an destinées au remplacement.

b) *Production de fleurs coupées.*

Vous pouvez aussi obtenir un arbuste qui fleurira au sommet de longues tiges et vous permettra ainsi de couper des fleurs bien présentées et faciles à organiser pour la décoration florale d'appartement. Le lilas formé dans ce but n'est pas très décoratif dans le jardin. Il doit être planté en un lieu retiré, où l'on regroupe les arbustes et les fleurs destinées à la production de fleurs coupées.

Dans ce cas les principes que nous mettons en pratique sont assez différents de ceux que nous venons de décrire.

Les schémas qui suivent prenant, au départ, un jeune arbuste l'année de sa plantation, doivent nous permettre de comprendre la méthode à appliquer.

L'ANNÉE
DE LA PLANTATION
Suppression de l'extrémité
des branches d'un an

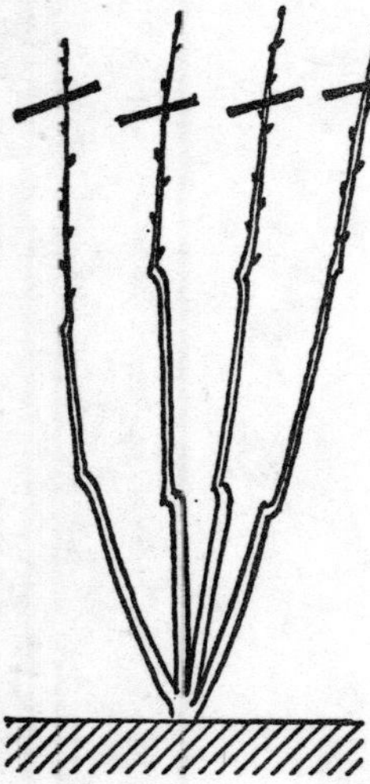

Fig. 111

LA PREMIÈRE ANNÉE
SUIVANT LA PLANTATION

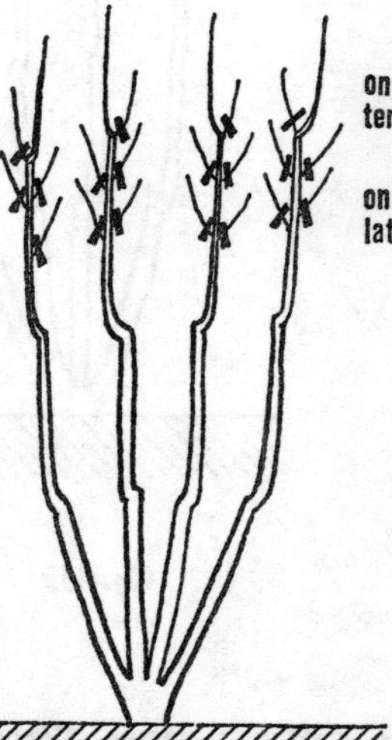


Fig. 112

## A LA FIN DE LA 2ᵉ ANNÉE SUIVANT LA PLANTATION

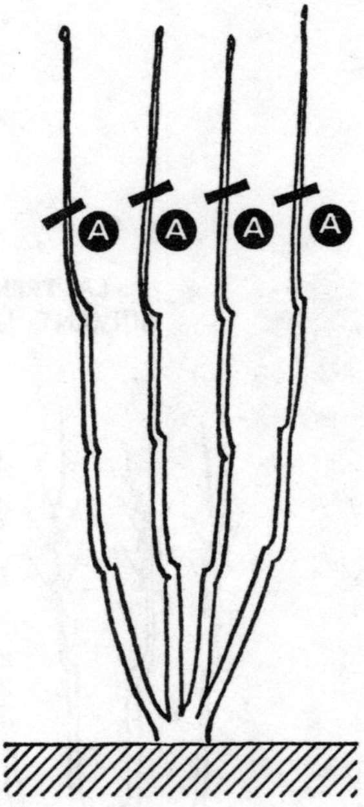


Fig. 113

L'arbuste se présente comme ci-dessus. Chaque branche est terminée par un bouton à fleurs. A ce stade c'est-à-dire au 3ᵉ printemps le lilas produira des fleurs à l'extrémité de chaque branche conservée. On peut récolter ces fleurs en coupant à A.

A LA FIN DU 3° PRINTEMPS

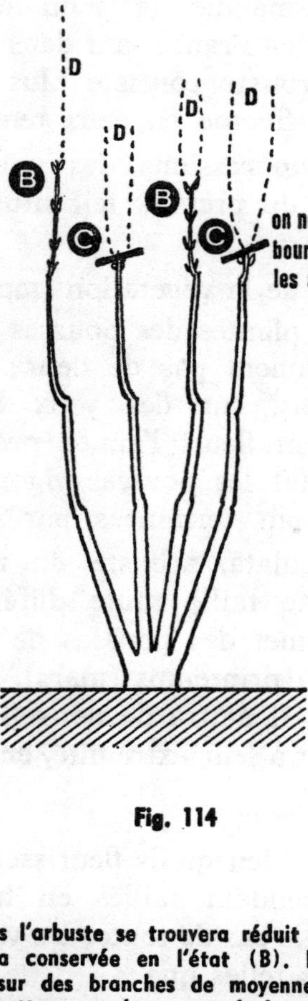


Fig. 114

**Après la récolte de fleurs l'arbuste se trouvera réduit comme indiqué ci-dessus. La moitié des branches sera conservée en l'état (B). Elles donnent des fleurs au printemps suivant mais sur des branches de moyenne longueur. Après la récolte des fleurs elles seront rabattues sur deux yeux de leur base (4° printemps).**
**Les autres branches représentant la seconde moitié sont taillées sur 2 yeux de leur base (C). Elles donneront chacune une ou deux pousses qui fleuriront au 5° printemps sur de longues branches. On continue ainsi de suite et on obtient chaque année des fleurs portées par de longues branches, sur la moitié de la touffe.**

### *Comment je taille mes hortensias*

L'hortensia, appelé aussi « Hydrangea Hortensis » trouve son habitat de prédilection dans les régions à hygrométrie élevée (Bretagne, Normandie) mais on le rencontre néanmoins un peu partout en France sauf dans les sols calcaires.

La taille de cet arbuste consiste plus spécialement en un nettoyage. Elle s'effectue en deux temps :

1° A l'automne, suppressions des panicules de fleurs desséchées au-dessus du premier œil situé immédiatement sous la panicule.

2° Avant le départ de la végétation (mars) :

— débarrasser les plantes des pousses faibles qui généralement ne donnent pas de fleur ;

— tailler à mi-bois, sur des yeux bien gonflés, les branches qui ont fleuri l'année précédente ;

— conserver intactes les pousses vigoureuses qui n'ont pas fleuri et sont terminées par un gros bouton.

L'Hydrangea paniculata, arbuste du même genre que l'hortensia reçoit une taille toute différente. Les fleurs apparaissent au sommet des pousses de l'année. La taille consiste à couper, au printemps (mars), tous les rameaux au ras de la souche. Il naîtra de nouvelles pousses vigoureuses qui produiront à leur extrémité, en août, de grandes inflorescences.

Quelques végétaux, bien qu'ils fleurissent dès le premier printemps, sont cependant taillés en hiver, pendant le repos végétatif. C'est le cas de toutes les variétés « à fleurs » des espèces fruitières telles que :

— Cerisier à fleurs.
— Pommier à fleurs.
— Amandier à fleurs.
— Pêcher à fleurs.

Il est rarement nécessaire de tailler :

— Rhododendrons.

— Azalées de pleine terre.

— Camélia.

et lorsque l'on est contraint de le faire, il s'agit simplement d'une taille de nettoyage qui peut se pratiquer à n'importe quelle époque de l'année, mais de préférence aussitôt après la défloraison.

## Les végétaux sarmenteux ou grimpants.

Certains de ces arbustes se fixent par leurs propres moyens sur les supports qui leur sont dévolus, soit qu'ils sont pourvus de crampons ou de vrilles, ou que leurs rameaux volubiles s'enroulent autour des supports.

D'une façon générale, pour tous ces arbustes, la taille consiste à supprimer toutes les parties qui dépassent les limites imparties. On profite de la taille pour répartir harmonieusement les branches sur le support et consolider leur fixation par quelques attaches.

*Cas particuliers de taille de quelques espèces sarmenteuses.*

*Aristoloche.* — Suppression en mars des parties débordantes.

*Bignonia.* — En mars, suppression des branches débordantes. Tailler les branches qui ont porté des fleurs l'été précédent en leur conservant le tiers de leur longueur.

*Bougainvillée.* — Uniformiser la surface couverte par la plante ou tailler les branches débordantes après la floraison.

*Chèvrefeuille.* — Supprimer en mars, à 15/20 cm de leur

naissance, les longues branches qui se sont développées au cours de l'été précédent et dépassent les limites imparties.

*Clématites :*

*a*) Variétés à floraison printanière. On leur laisse généralement acquérir un libre développement.

*b*) Variétés à floraison estivale. En mars, suppression du fouillis de brindilles plus ou moins desséchées qui subsistent après l'hiver. Conserver les bonnes pousses bien vivantes.

*Clycine.* — En août, couper à leur naissance les longues branches qui se sont formées depuis le printemps. On ne conserve que les pousses courtes, abondamment garnies de feuilles qui produiront les fleurs au printemps suivant.

*Jasmin :*

1° Variétés à floraison estivale. En mars, tailler court (15/20 cm) les branches qui s'écartent trop du plan réservé au développement du végétal.

2° Variétés à floraison hivernale. Tailler au printemps en fin de floraison. La taille se réduit à l'obtention d'une certaine uniformité ou d'une parfaite esthétique dans l'ensemble du développement de la plante.

*Lierre.* — Tailler en août. Supprimer les branches qui dépassent les limites réservées à la plante. Si le lierre est cultivé en haie ou contre un mur, raccourcir énergiquement les branches qui ont tendance à faire acquérir à l'ensemble une épaisseur trop considérable. En quelques semaines de nouvelles jeunes pousses se formeront. Supprimer les branches qui ont fleuri et produit des graines.

*Plumbago.* — La taille pratiquée en hiver consiste à rabattre à quelques centimètres au-dessus de leur naissance les rameaux qui ont porté fleurs au cours de l'été précédent.

*Polygonum Auberti.* — Tailler en hiver. Raccourcir à 15/20 cm de leur naissance les branches de l'année qui ont porté fleurs au cours de l'été précédent.

*Vigne vierge :*

1° Vigne vierge du Japon. Limiter la propagation de la plante en supprimant impitoyablement toutes les pousses qui au cours de l'été ont dépassé les limites prévues. Couper près de leur naissance toutes les longues branches pendantes qui ont pu se développer l'été précédent.

2° Autres variétés à longs rameaux ne se fixant pas par crampons. Couper les branches qui débordent la zone de développement réservée à la plante. L'effet décoratif de cette plante est généralement obtenu par la présence de nombreuses branches pendantes. On s'efforcera de conserver cet effet en coupant au tiers de leur longueur toutes ces branches retombantes.

Cette taille se fait en hiver ou au printemps.

## LES ARBRES

Nous entendons par « Arbres » des végétaux qui sont constitués par une tige plus ou moins élevée (de 2 à 4 m au-dessus du sol) appelée « Tronc ».

Le tronc est surmonté par la ramure. Cet ensemble forme l'arbre. Chez certains arbres le tronc n'est pas très nettement marqué, il porte naturellement des ramifications depuis la base (peuplier d'Italie, charme pyramidal, bouleau fastigié, etc.) d'une manière générale, tous les arbres dits « pyramidaux ou fastigiés » et les résineux ou conifères (cèdre, sapin, épicéa, thuya, etc.). Les arbres fastigiés ou pyramidaux et les conifères ne réclament aucune taille.

## Les arbres qui fleurissent et qui sont cultivés pour leur fleur.

*Voici les plus remarquables*

— Albizzia Julibrissin
— Cerisier à fleurs
— Arbre de Judée
— Cytise (Laburnum)
— Magnolia
— Paulownia
— Pêcher à fleurs
— Pommier à fleurs
— Prunier à fleurs
— Robinia (acacia), etc.

Ces arbres sollicitent l'intervention du jardinier seulement pendant leur jeune âge. C'est en effet pendant les quelques années qui suivent la plantation qu'il est nécessaire de leur appliquer, dans le courant de l'hiver, une taille de formation. Le principe de cette taille est le même que celui que nous avons déjà décrit pages 34 et 68 pour les arbres fruitiers.

Par la suite, et pendant toute la durée de la vie de l'arbre, quelques élagages, pratiqués en hiver, permettent de maintenir l'équilibre de la ramure, son éclaircissage interne, la suppression du bois mort s'il s'en produit. Il est rare que l'on trouve du bois mort dans les arbres bien entretenus. Les branches ou parties de branches meurent par étouffement et manque de lumière lorsque l'arbre présente une ramure trop compacte et encombrée.

## Les arbres qui ne fleurissent pas ou dont la fleur n'est pas l'élément décoratif de première valeur.

*Dans ce domaine on peut citer :*

— Erables variés
— Bouleau
— Charmes
— Catalpa
— Chêne
— Eucalyptus
— Liquidambar
— Sorbier
— Marronniers
— Murier
— Orme
— Peuplier
— Platane
— Saule
— Sophora
— Tilleul, etc.

et tous les conifères

Ces arbres, sauf les conifères qui, nous l'avons dit, n'ont pas besoin d'être taillés, demandent une taille de formation pendant leur jeune âge. Cette taille, qui se pratique en hiver, cesse progressivement d'être mise en œuvre, au fur et à mesure que l'arbre acquiert sa forme normale.

Les arbres présentent naturellement des ports très différents suivant les espèces et variétés (fig. 115 à 120).

La taille de formation sera différente suivant le port naturel que doit acquérir l'arbre (fig. 121 et 122).

Enfin il est des arbres qui peuvent être soumis à des formes plus fantaisistes : rideaux, berceaux.

— Le marronnier.
— Le tilleul commun.
— L'érable plane.
— Sycomore.
— Charme

sont des espèces qui se prêtent fort bien à ce genre de taille. Sauf le charme, ces arbres se voient assez rarement dans les jardins privés. Ils demandent de grands espaces pour y épanouir leurs formes. On les rencontre dans les parcs publics, quelquefois ils bordent les avenues.

Les arbres soumis à ces formes géométriques sont taillés régulièrement chaque année en juillet.

**PORT CAPITÉ**
**Exemple : Tilleul**

Fig. 115

**PORT ÉLANCÉ**
**Exemple : Tulipier de Virginie**

Fig. 116

**PORT EN BOULE**
**Exemple : Acacia boule,**
**Acer globosum,**
**Catalpa bungeï, etc.**

Fig. 117

**PORT PYRAMIDAL**

**Exemple : Peuplier d'Italie, Acacia pyramidal, Chêne pyramidal, etc.**

**Fig. 118**

**PORT ETALE**

**Exemple : Pin parasol, Fagus horizontalis (Hêtre étalé), etc.**

**Fig. 119**

**PORT RETOMBANT OU PLEUREUR**

**Exemple : Saule pleureur, Sophora pendula, etc.**

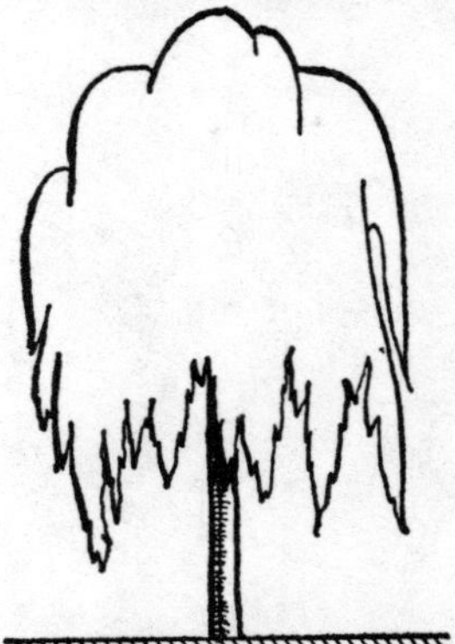

**Fig. 120**

**FORMATION AXIALE**
**D'UN ARBRE A PORT ELANCE**

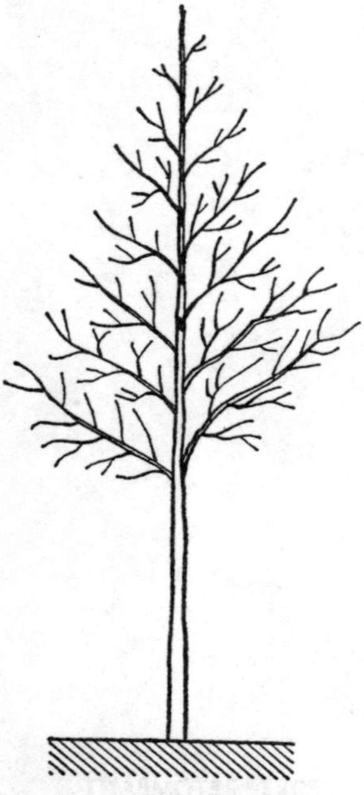

Fig. 121

**FORMATION RAMIFIE**
**D'UN ARBRE A PORT CAPITE**

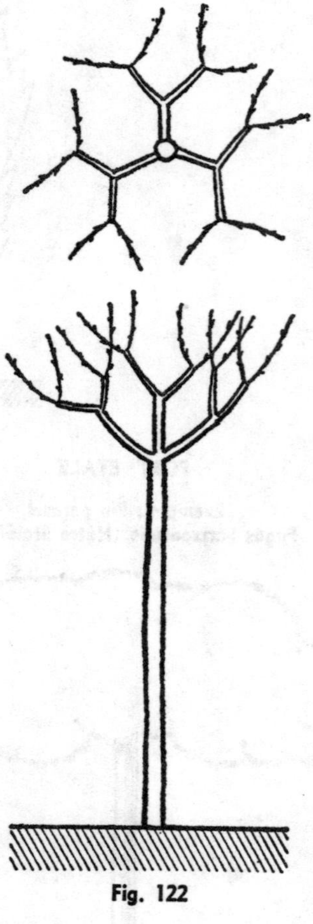

Fig. 122

## LES HAIES TAILLÉES

Les haies sont couramment utilisées dans la décoration des jardins.

On plante une haie le long d'un mur pour le rendre plus attrayant et parer sa nudité. Des haies s'étirent le long des clôtures dans le but d'empêcher la pénétration des regards indiscrets ou simplement de meubler la clôture. La haie borde une allée, ferme une salle de verdure, ou sert de fond à un massif de fleurs.

La hauteur des haies est variable et conditionnée par l'effet décoratif que l'on veut obtenir. La haie peut être verte, colorée, fleurie, constituée par des arbustes à feuilles persistantes ou à feuilles caduques.

Dans le tableau ci-après, nous donnons une liste de végétaux qui peuvent être employés pour l'établissement de haies taillées. Nous donnons également quelques renseignements relatifs à leur utilisation. Dans la colonne où nous indiquons les distances de plantation le premier chiffre donne la distance minimum à laquelle doivent être plantés les sujets si l'on désire obtenir un effet immédiat. C'est le cas que l'on rencontre en particulier dans les jardins de faible surface. Le second chiffre précise la distance maximum à ne pas dépasser, pour des plantations à une grande échelle.

**Il faut tailler les végétaux qui constituent la haie au moment de la plantation.**

La taille est plus sévère pour les arbustes à feuilles caduques que pour les arbustes à feuilles persistantes. Ces derniers sont en effet à peu près toujours transplantés en motte, leur reprise est plus facile.

Lorsque l'on décide de planter une haie, il est très rare que l'on fasse appel à des végétaux qui possèdent déjà la hauteur que l'on a prévue pour cette haie. Ne serait-ce que pour une question d'économie, on plante souvent des sujets plus petits et même quelquefois de tout jeunes plants.

Si les végétaux choisis sont à feuilles persistantes, on se

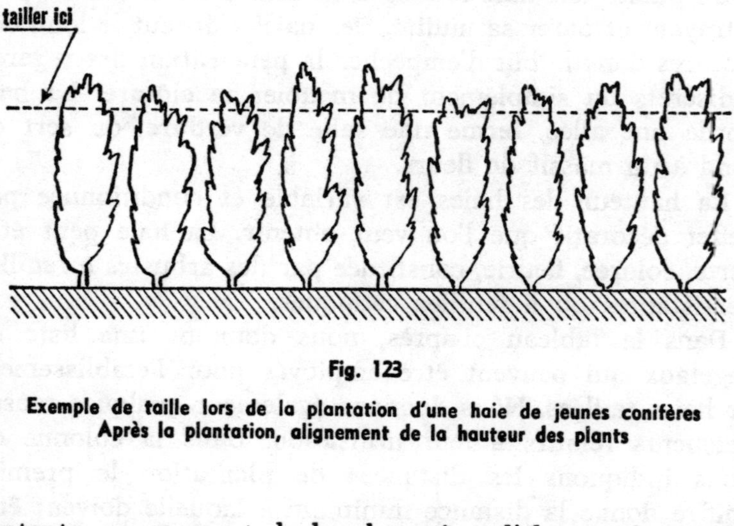


**Fig. 123**

**Exemple de taille lors de la plantation d'une haie de jeunes conifères**
**Après la plantation, alignement de la hauteur des plants**

contente, au moment de la plantation d'ébouter les cimes ou les branches éparses pour obtenir une ligne régulière fig. 123).

S'il s'agit d'arbustes à feuilles caduques on supprime environ un tiers de la longueur des branches des plantes les plus courtes et on régularise la hauteur sur l'ensemble fig. 124).

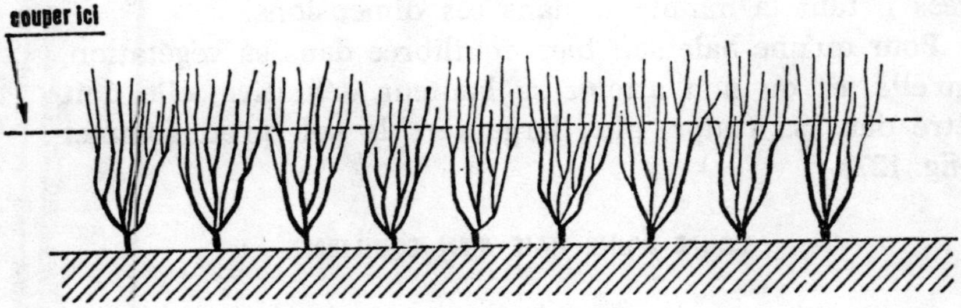


Fig. 124

Taille d'une haie d'arbustes à feuilles caduques après plantation

Par la suite, lors des tailles successives que l'on fera sur la haie on gagnera progressivement de la hauteur et de l'épaisseur jusqu'à ce que soient atteintes les dimensions prévues. L'augmentation de la haie en hauteur doit être très progressive sous peine de voir les arbustes se dénuder à la base, situation qu'il n'est plus possible de rattraper par la suite (fig. 125 et 126).

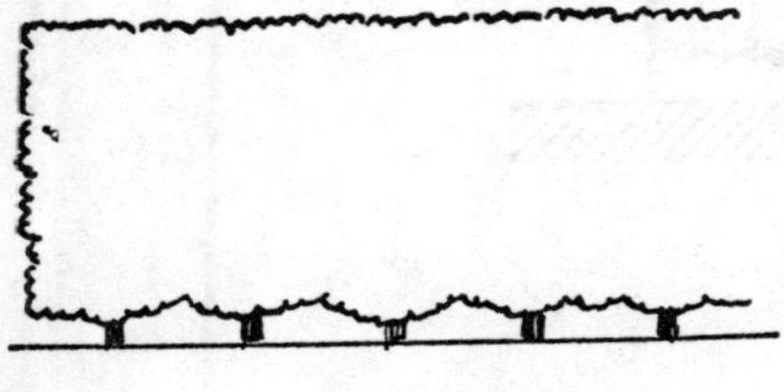

Fig. 125

Allure d'une haie montée normalement

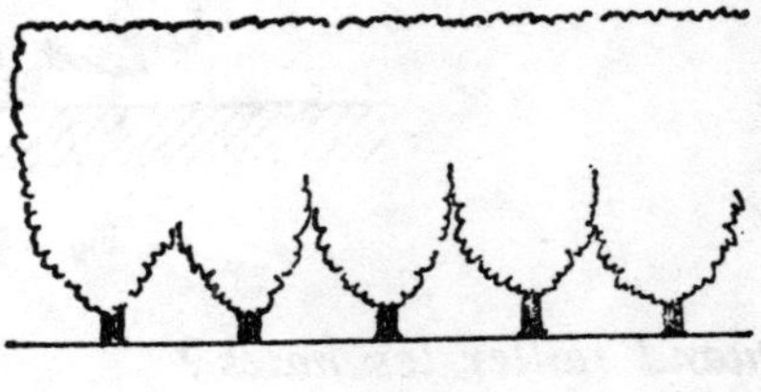

Fig. 126

Allure d'une haie montée trop vite

L'accroissement en hauteur d'une haie doit être progressif

## La taille d'entretien.

Lorsqu'une haie a atteint la hauteur et l'épaisseur désirées il faut la maintenir dans ses dimensions.

Pour qu'une haie soit bien équilibrée dans sa végétation, qu'elle ait ou non atteint sa hauteur définitive, elle doit être dans sa coupe, plus large vers le sol qu'au sommet (fig. 127).

COUPE D'UNE HAIE BIEN ÉQUILIBRÉE

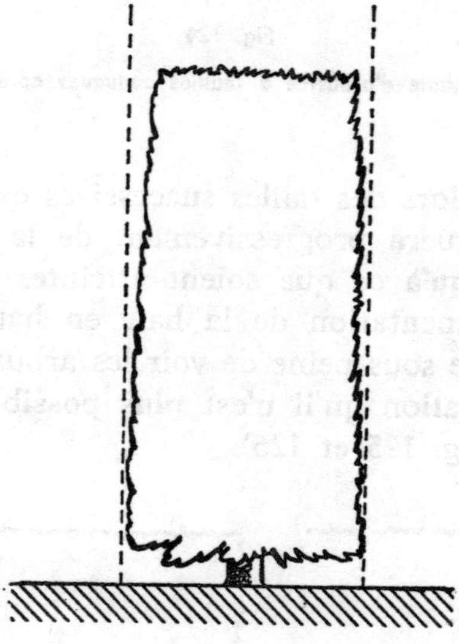

Fig. 127

*Quand tailler les haies ?*

Les haies doivent, en principe, être taillées deux fois par an.

*a*) Vers fin mai, début juin.

*b*) Fin août.

Nous disons « en principe » car il n'y a pas vraiment de règle absolue. La fréquence des interventions est variable.

1° Une haie jeune et très vigoureuse peut être taillée plus souvent.

2° Une haie sera aussi taillée plus souvent si l'on veut qu'elle soit toujours impeccable dans sa forme. Dans ce cas on peut adopter le rythme fin mai-juillet-fin août.

3° Lorsqu'une haie vieillit, le sol s'épuise, sa végétation est moins luxuriante. Alors deux tailles suffisent.

La région, la nature des végétaux sont aussi des critères qui influent le rythme des tailles. Exemple : une haie de buis ou d'if sera très convenable si elle est taillée deux fois par an ; une haie de lonicéra nitida demande une intervention toutes les six semaines de mai à octobre.

## Les sujets formés.

On utilise dans la décoration des jardins, des sujets formés : cônes, cubes, boules, colonnes, pyramides, et quelquefois des formes variées et très compliquées telles que table, fauteuil, animaux divers.

Pour ce genre de décoration on a recours à l'if et quelquefois au buis.

La taille de ces formes s'inspire des mêmes principes que la taille des haies. Deux tailles par été (mai et août) sont nécessaires.

LES PRINCIPAUX VÉGÉTAUX UTILISÉS POUR CONSTITUER DES HAIES TAILLÉES

| Espèces et variétés | Feuillage persistant | Feuillage caduc | Feuillage vert | Feuillage bleu ou vert-glauque | Feuillage doré | Feuillage argenté | Feuillage pourpre ou bronze | A fleurs décoratives | A fruits décoratifs | Recommandé pour bord de mer | Peu rustique, recommandé pour le midi ou le sud-ouest | Hauteur que peut normalement atteindre la haie | Distance de plantation en centimètres |
|---|---|---|---|---|---|---|---|---|---|---|---|---|---|
| Althéa : *Hibiscus syriacus* | | + | + | | | | | + | | | | 125/200 | 0,50/0,70 |
| * Aubépine : *Crataegus oxyacantha* .............. | | + | + | | | | | + | | | | 125/200 | 0,50/0,70 |
| Aucuba Japonica ........ | + | | | | + | | | | + | | | 125/200 | 0,40/060 |
| * Berberis thunbergii atropurpurea .............. | | + | | | | | + | | | | | 75/100 | 0,30/0,60 |
| Buis : | | | | | | | | | | | | | |
| *Buxus sempervirens rotondifolia* .............. | + | | + | | | | | | | | | 80/150 | 0,40/0,70 |
| *Buxus harlandii* ........ | + | | + | | | | | | | | | 50/120 | 0,40/0,60 |
| * Buisson ardent : *Cratægus pyracantha variés* .. | + | | + | | | | | + | + | | | 100/250 | 0,40/0,80 |
| Chanæcyparis : | | | | | | | | | | | | | |
| *L. Allumii* .............. | + | | | + | | | | | | | | 150/300 | 0,40/0,70 |
| *L. Stewartii* ........... | + | | | | + | | | | | | | 100/150 | 0,40/0,70 |
| Charme : *Carpinus betulus* | | + | + | | | | | | | | | 125/300 | 0,30/0,60 |
| Cognassier du Japon : *Cydonia Japonica* ........ | | + | + | | | | | + | | | | 80/150 | 0,30/0,50 |
| Cotoneaster Franchetti .. | + | | | | | + | | + | + | | | 75/120 | 0,40/0,60 |
| Cyprès de Lambert : | | | | | | | | | | | | | |

| | | | | | | | | | | | | | |
|---|---|---|---|---|---|---|---|---|---|---|---|---|---|
| *C.M. Lutea* ............ | + | | | | + | | | | | | + | 75/150 | 0,30/0,50 |
| Fusain : | | | | | | | | | | | | | |
| *Euonymus Japonicus* .. | + | | + | | | | | | | | | 100/200 | 0,40/0,70 |
| *E. J. Pt Gauthier* ...... | + | | | | | + | | | | | | 100/200 | 0,40/0,70 |
| *E. J. Elegans aureus* ... | + | | | | + | | | | | | | 40/75 | 0,30/0,50 |
| Houx : *Ilex aquifolium* .. | + | | + | | | | | | + | | | 100/175 | 0,40/0,60 |
| If : *Taxus bacata* ........ | + | | + | | | | | | + | | | 100/200 | 0,50/0,80 |
| Laurier cerise : *Prunus Laurocerasus* .......... | + | | + | | | | | | | | | 125/300 | 0,50/1,00 |
| Laurier du Portugal : *Pr. lusitanica* .............. | + | | + | | | | | | | | + | 125/300 | 0,50/1,00 |
| Lautier tin : *Viburnum tinus* .................... | + | | + | | | | | + | | | | 80/175 | 0,40/0,80 |
| Lonicera nitida .......... | + | | + | | | | | | | | | 50/100 | 0,30/0,50 |
| Prunus cistena .......... | | + | | | | | + | | | | | 75/120 | 0,30/0,50 |
| Spirea Reevesiana ........ | | + | + | | | | | + | | | | 75/120 | 0,30/0,50 |
| Symphorine : *Symphoricarpos* ................ | | + | + | | | | | | + | | | 100/150 | 0,30/0,60 |
| Tamarix ................ | | + | + | | | | | + | | + | | 125/200 | 0,30/0,70 |
| Thuya Lobbi Atrovirens .. | + | | + | | | | | | | | | 150/300 | 0,50/0,70 |
| Troëne : | | | | | | | | | | | | | |
| *Ligustrum ovalofolium* . | | + | + | | | | | | | | | 80/200 | 0,30/0,60 |
| *L. oval. aureum* ........ | | + | | | + | | | | | | | 70/150 | 0,30/0,60 |
| *L. oval. argenteum* ..... | | + | | | | + | | | | | | 70/150 | 0,30/0,60 |
| *L. Japonicum = L. Lucidum* .................. | + | | + | | | | | | | | | 80/200 | 0,40/0,70 |
| Escallonia variés ........ | + | | + | | | | | + | | + | + | 100/150 | 0,30/0,60 |
| Forsythia spectabilis ..... | | + | + | | | | | + | | | | 100/175 | 0,30/0,60 |
| Grenadier à fleurs : *Punica granatum* ............ | | + | | | | | | + | | | + | 80/150 | 0,30/0,60 |
| Pittosporum Tobira ...... | + | | + | | | | | | | + | + | 80/150 | 0,30/0,50 |

* Rameaux épineux.

## Conclusion.

Si au cours des pages qui précèdent nous avons pu être assez explicite pour permettre au lecteur de résoudre les nombreux problèmes que lui pose la taille des arbres, notre but sera atteint.

L'amateur doit avant tout être bien persuadé qu'un végétal est un être vivant. C'est donc un sujet sensible au comportement de son environnement et aux actions que l'on entreprend à son endroit. Comme tout être vivant, le végétal a des réactions personnelles et particulières au droit de toutes les interventions qu'il subit.

C'est à la suite d'observations pertinentes que vous parviendrez à dompter et à diriger à votre convenance les arbres que vous cultivez.

# TABLE DES MATIÈRES

Achevé d'imprimer le 21 mars 1994
dans les ateliers de Normandie Roto Impression s.a.
à Lonrai (Orne)

N° d'éditeur : 15152 – mars 1994
N° d'imprimeur : I4-0565
1er dépôt légal : 1er trimestre 1971
*Imprimé en France*